AF525220

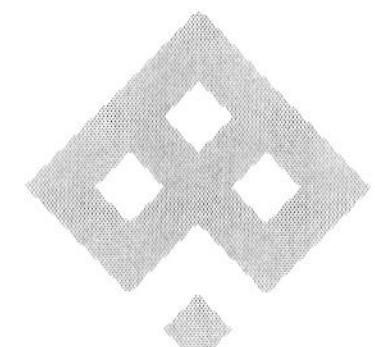

Kunst und Kunstbetrieb befinden sich gegenwärtig in einer Phase des epochalen Umbruchs: Während die Globalisierung Künstler von allen Kontinenten und aus den verschiedensten Kulturen gleichberechtigt macht, sind westliche Künstler in zahlreichen Großausstellungen nunmehr in der Minderheit. Die großen Museen des neuen Jahrhunderts werden in den sogenannten Schwellenländern errichtet, und der Kunsthandel mutiert zu einer weltumspannenden Aktivität. Diese Entwicklungen untersucht Robert Fleck an konkreten Beispielen und im kunstsoziologischen und historischen Vergleich. Die Position des Künstlers in Zeiten der Globalisierung, die Infragestellung des europäischen Museumsbegriffs, die neuen Kräfteverhältnisse zwischen Sammlern, Händlern und Museen, neue Erfahrungsräume von Künstlern und Betrachtern, neue Formen der Öffentlichkeit von Kunst - all dies zeichnet die Geopolitik eines neuen Kunstsystems im 21. Jahrhundert aus, für das es neue kritische Instrumente zu entwickeln gilt.

Robert Fleck, 1957 in Wien geboren, seit 1981 in Paris, studierte unter anderem bei Gilles Deleuze und Michel Foucault. In den Jahren 2000 bis 2012 leitete er die Kunsthochschule von Nantes, die Deichtorhallen Hamburg und die Bundeskunsthalle in Bonn. Heute ist er Professor für Kunst und Öffentlichkeit an der Kunstakademie Düsseldorf.

DAS KUNSTSYSTEM IM 21. JAHRHUNDERT

PASSAGEN KUNST

Robert Fleck

Das Kunstsystem im 21. Jahrhundert

Museen, Künstler, Sammler, Galerien

Passagen Verlag

Deutsche Erstausgabe

Gedruckt mit freundlicher Unterstützung des Magistrats der Stadt Wien, MA 7, Referat Wissenschafts- und Forschungsförderung, sowie des Bundesministeriums für Wissenschaft und Forschung in Wien.

Die Deutsche Nationalbibliothek verzeichnet diese Publikation in der Deutschen Nationalbibliografie; detaillierte bibliografische Daten sind im Internet über http://dnb.de abrufbar.

ISBN 978-3-7092-0155-8
2. Auflage 2015

http://www.passagen.at
Grafisches Konzept: Ecke Bonk
Satz: Passagen Verlag Ges. m. b. H., Wien
Druck: Ferdinand Berger & Söhne GmbH, Horn

Inhalt

Die Globalisierung und die Produzenten - ein Programm

Während der Eröffnungstage der documenta 9 im Juni 1992 fand ich mich mehr oder weniger zufällig bei einer Pressekonferenz neben dem künstlerischen Leiter dieser documenta, Jan Hoet, wieder, dem bedeutenden Museumsdirektor aus Belgien. Es ging um ein Nebenprojekt der documenta 9 mit - durchwegs männlichen - Künstlern aus Deutschland, Österreich und den USA. Bevor die Pressekonferenz begann, flüsterte mir Jan Hoet ins Ohr: „In zwanzig Jahren sitzen hier lauter Afrikaner."

Zwanzig Jahre später saßen im letzten Juni bei der Pressekonferenz zur documenta 13 in Kassel zwar nicht lauter Afrikaner am Tisch - aber warum auch nicht? Dafür aber bestand das Kuratorenteam erstmals nur aus Frauen. Die künstlerische Leiterin Carolyn Christov-Bakargiev trägt einen bulgarischen Familiennamen. Bulgarien war 1992 gerade erst aus dem Kommunismus erwacht. Als Tochter eines Flüchtlings aus dem kommunistischen Bulgarien in den USA geboren und aufgewachsen, war sie erst die zweite Frau unter den neun bisherigen künstlerischen Leitern der documenta und der erste documenta-Leiter mit einem osteuropäischen Hintergrund. Diesmal, im Sommer 2012, waren auch die westlichen Künstler nur noch eine Minderheit, und es gab auf dieser documenta mehr asiatische Künstler als Künstler aus Westeuropa.

„Kunst und Globalisierung" ist sowohl ein zentrales Thema unserer Zeit als auch ein Klischee. Neben dem Aufkommen der digitalen Bildmedien ist die Globalisierung das wesentliche Ereignis, das die Kunstwelt zu Beginn dieses neuen Jahrhunderts in ihren Grundfesten erschüttert. Bei näherer Betrachtung der Dinge gibt es mehrere Ebenen oder Sphären der Globalisierung im künstlerischen Bereich, die sehr unterschiedlich, sogar gegensätzlich sind. Für die Beurteilung der Wandlungen in unserer Zeit und besonders für die Selbstbestimmung des Künstlers in der Globalisierung ist es zunächst wichtig, diese Ebenen zu unterscheiden.

Die erste Ebene: In den letzten zwanzig Jahren entstand eine weltweite „Kunstindustrie". „Kunstindustrie" ist als Wort natürlich ein Unding, aber in ironischer Anlehnung an den wichtigen Begriff der *Kulturindustrie* von Max Horkheimer und Theodor W. Adorno sagt das Wort „Kunstindustrie" schon einiges aus: In diesen Fällen ist Kunst kein Gegensatz mehr zur Kulturindustrie, sondern gewissermaßen ihre Steigerung. Die globalisierte Kunstindustrie weist enge Verzahnungen mit der Finanzwelt auf, mit den globalisierten Marken und Medien und mit dem jungen Kapital aus den Schwellenländern, das die Preisexplosion im hohen Segment des Kunstmarkts verursacht hat. Eine Galerie neuen Typs, die Dependancen auf der ganzen Welt unterhält wie die Gagosian Gallery, die derzeit eine beeindruckende Anzahl von Künstlern mit globaler Ausstrahlung vertritt, aber ursprünglich eine Galerie des „secondary market" war, auf dem man Werke, die Sammler abstoßen, teurer weiterverkauft, ist dafür ebenso typisch wie Künstler neuen Typs, für die provozierende Innovation, globale Präsenz, Starrummel und millionenschwerer Umsatz zu einer Einheit verschmelzen. Das ist die erste Ebene der Globalisierung in der Kunst.

Die zweite Ebene: Gleichfalls innerhalb dieser neuen, weltweiten *Kunstindustrie*, aber auf einer banaleren, niedrigeren Ebene sind zwei Bereiche angesiedelt, die mehr mit einer weltweiten Zirkulation von Kunst und Künstlern zu tun haben und aktive Agenten dieser Zirkulation sind. Da sind zunächst die international arbeitenden Galerien mittleren Formats. Ein Beispiel: Einer recht bedeutenden Galerie in Europa ist nach 25 Jahren der Künstler weggelaufen, der seit 15 Jahren die „Melkkuh" war, wie man galerieintern sagte; wenn die Galerie ein größeres finanzielles Problem hatte, rief sie den Künstler an, der brachte eine Arbeit und die wurde umgehend teuer verkauft. Wie löste die Galerie das Problem, dass gerade dieser Künstler die Galerie verließ? Wie vermied sie die drohende Pleite? Sie lebt seither davon, dass sie bei internationalen Kunstmessen in den Schwellenländern, vor allem bei der wichtigen Messe in Dubai sowie in Indien, Arbeiten von Künstlern zu hohen Preisen verkauft, die sie speziell für diese neuen Märkte in Indien und dem Mittleren

Osten zunächst in Europa, in einem Projektraum nahe ihrer Galerie, getestet und aufgebaut hat. Vor dreißig Jahren waren die Kontakte dieser Galerie auf die deutschsprachigen Länder, Italien, Frankreich, England und die USA beschränkt. Der Jahresumsatz der Galerie betrug, auf heutige Preise umgerechnet, nicht mehr als 100.000 Euro. Nun finanziert diese international präsente Galerie die europäischen und amerikanischen Künstler, die sie seit je engagiert vertritt, durch Verkäufe von Werken nahöstlicher und indischer Künstler im Mittleren Osten und in Indien. Die Kunstwelt des frühen 21. Jahrhunderts hat sich gegenüber derjenigen des ausgehenden 20. Jahrhunderts tief gewandelt.

Zu dieser zweiten kunstindustriellen Sphäre zählen auch die nunmehr weltumspannenden Biennalen. In zwanzig Jahren ist ihre Zahl von etwa 10 auf 200 gestiegen, wobei die meisten dieser neuen Biennalen mit internationalen Künstlern als Promotionsinstrumente von Städten gegründet wurden. „Kassel. Die documenta-Stadt", wie auf den offiziellen Ortsschildern an den Einfahrtstraßen in Kassel steht, war die erste Stadt, die eine regelmäßige Ausstellung als Instrument des Stadtmarketings entdeckte und betrieb.

Mit diesem Biennale-Zirkus ist eine Kunstszene „B" entstanden, die nichts mit dem Großkapitalismus des globalisierten Spitzenmarktes (der ersten Ebene) zu tun hat, sondern mit globalisierter Zirkulation und Präsentation von Künstlern und Werken. Die Künstler dieser weltweiten Biennalen-Szene sind überwiegend zwischen 35 und 45 Jahre alt, kommen aus der ganzen Welt – auch das ist sehr neu –, verdienen nicht sehr viel, zirkulieren aber in der ganzen Welt. Das gilt auch für die zahlreichen jungen Kuratoren, die in diesem Bereich tätig sind, die gleichfalls aus der ganzen Welt kommen und in der ganzen Welt, buchstäblich auf allen Kontinenten, tätig sind. Auf diesen Biennalen spielt zeitkritische Kunst eine große Rolle, auch viel politische Kunst, viel globalisierungskritische Kunst, was dem Unterhaltungswert dieser Arbeiten für das Massenpublikum aber keinen Abbruch tut.

Für einen jüngeren Künstler, der auf einer solchen internationalen Biennale irgendwo in der Welt ausstellt – was sehr gut sein kann, auch für den Fortgang der eigenen Arbeit, mit all den Erfahrungen, die man da macht –, ist es wichtig zu wissen, wo man sich befindet und was zur inneren Logik dieser Veranstaltungen zählt.

Paradoxerweise spielt globalisierungskritische, politische Kunst auf den heute weltumspannend stattfindenden Biennalen eine große Rolle. Auf den Biennalen, die im Rhythmus von 14 Tagen stattfinden und jeweils ein Publikum zwischen 200 000 und einer Million Besucher anziehen, geht es nicht um Gewinne und Umsätze wie in der ersten Sphäre der Globalisierung, sondern um den Zusatzwert der Zirkulation. Für einen Besucher der Yokohama-Biennale ist es exotisch und aufregend, Werke jüngerer Künstler aus Europa, Nordamerika und Lateinamerika zu sehen, oder von chinesischen Künstlern, die man sonst nie in Japan sieht, neben jüngeren japanischen Künstlern, die er gleichfalls erstmals entdeckt oder schon kennt. Der gleiche Vorgang findet umgekehrt bei der Birmingham-Biennale statt. Für ihr Publikum sind die jungen asiatischen und lateinamerikanischen Künstler die Exoten, während man mit ihnen gerne die eigenen Künstler vergleicht, die man kennt oder erst anlässlich dieser Biennale kennen lernt. Selbst Hauptstädte, die so gut wie kein Kunstleben aufweisen, leisten sich Biennalen mit globalisierten Künstlerlisten. In Bukarest sind es sogar zwei Biennalen, die keine öffentliche Ausstrahlung haben. Die Kunst der Biennalen und die weltweite Zirkulation von Museumsausstellungen, die von führenden Museen koproduziert sind und rund um den Globus gezeigt werden, zählen neben dem globalisierten Kunstmarkt zu jenen aktiven Agenten der Globalisierung, die aus der Kunstwelt selbst kommen.

In dieser zweiten Sphäre der aktuellen Globalisierung der Kunst hat sich eine zugleich konzeptuelle und für die globale Verständlichkeit in Großausstellungen angelegte Kunst entwickelt, die bisweilen auf einer Abwandlung von Verfahren der Konzeptkunst der sechziger und siebziger Jahre und der Medienkunst der siebziger bis neunziger Jahre beruht, wobei ungeachtet der Inhalte oft der Ausstellungswert über den Kunstwert gestellt wird (nicht von den Veranstaltern, sondern von den Künstlern), also über den nichtfunktionalen, ästhetischen Wert der Arbeit. Das ist neben der Kommerzfalle die zweite weitverbreitete Falle für die Künstler in der gegenwärtigen Situation.

Es gibt allerdings viel Wichtigeres als diese beiden ersten Sphären der Globalisierung der Kunst. Sie haben mit Kunst im Sinne des interesselosen Wohlgefallens, einer Arbeit des Geistes nach Hegel und des reinen Denkens nach Gilles Deleuze nicht viel zu tun. Kunst im Sinne des interesselosen Wohlgefallens, einer Arbeit des Geistes nach Hegel und des reinen Denkens nach Gilles Deleuze ist aber meines Erachtens das Einzige, was die Beschäftigung damit wert ist.

Weit wichtiger scheinen mir deshalb die zwei anderen Sphären der Globalisierung der Kunst im frühen 21. Jahrhundert. Diese beiden anderen Sphären haben mit der Kunstindustrie, die ich bisher zu beschreiben versuchte, nichts oder nur am Rande zu tun. Eine grundlegende Entscheidung, die ein junger Künstler heute treffen muss, besteht darin, in welchen dieser Sphären er sich bewegen will.

Worin bestehen die anderen Sphären der Globalisierung der Kunst? Es gibt zunächst den permanenten und globalen interkulturellen Dialog, der sich in den letzten dreißig Jahren ausgebildet hat und der unsere Wahrnehmung heute bestimmt. Auch das konkrete Umfeld des Künstlers ist bereits mit wenigen Ausnahmen davon beeinflusst. Bei den Großausstellungen der achtziger Jahre war man während der Aufbautage, wenn die ausstellenden Künstler anwesend waren, ausschließlich unter Bewohnern Westeuropas und Nordamerikas mit weißer Hautfarbe, zu neunzig Prozent auch unter Männern.

Wenn man dagegen in den letzten fünfzehn Jahren jüngere Künstler aus Osteuropa und von anderen Kontinenten bei ihrer Arbeit begleiten konnte, so konnte man beobachten, dass sie längst keinen Zwang mehr empfinden, und auch keine Neigung mehr haben, ihre Arbeit zu „verwestlichen“. Den ganzen Begriff der „Verwestlichung“ gibt es nicht mehr - auch deshalb, weil für die Menschen auf anderen Kontinenten der Westen nicht mehr das politische und ökonomische Zentrum der Welt ist. In den fünfziger Jahren in Paris, als die Stadt noch das Zentrum der Kunst war, musste ein chinesischer Maler wie Zao Wou-Ki noch seine abstrakte Malerei verwestlichen, „western-style“ malen, um wahrgenommen und verstanden zu werden. Vierzig Jahre später empfand beispielsweise der chinesische Bildhauer Chen Zhen deutlich, dass er das nicht mehr nötig hatte und auch mit einer aus chinesischen künstlerischen Traditionen heraus entwickelten Formensprache verständlich war und zur Geltung kam. (Chen Zhen ist leider recht jung im Jahr 2000 gestorben.)

Dieser Vorgang hat den ganzen Wahrnehmungszusammenhang in der bildenden Kunst verändert - für Künstler wie für das Publikum. Gerade die Künstler aus den Schwellenländern, die in westlichen Kunstzentren leben (meist übrigens ja nur einen Teil ihrer Zeit), haben die ästhetische Szenerie dort im künstlerischen Alltag, im

Atelieralltag bunt gemacht. Der Unterschied zur Epoche vor hundert Jahren, als die Revolution der modernen Kunst stattfand, ist sehr deutlich. Heute ist nicht mehr nur die „Negerplastik“ in Europa gegenwärtig, die Carl Einstein in seinem mutigen, ebenso betitelten Buch von 1923 erstmals mit den Instrumenten der europäischen Kunstgeschichte analysierte. Heute sind in den Kunstzentren in Westeuropa zahlreiche afrikanische Künstler tätig, die gleichberechtigt und unter Verwendung ihrer lokalen Traditionen arbeiten und ausstellen. Die Globalisierung ist auf dieser Ebene alles andere als eine Gleichschaltung. Sie hat im Gegenteil eine Co-Präsenz, eine gleichzeitige Präsenz von unzähligen ästhetischen Traditionen eingeleitet, die eines der Abenteuer unserer Zeit ist und den Wahrnehmungszusammenhang der Künstler heute, wie auch die Wahrnehmung der Kunst, tief beeinflusst. In diesem neuen Szenario, das ein wesentliches Spezifikum des 21. Jahrhunderts ist, sucht sich jeder Künstler nunmehr seinen Platz.

Die vierte Ebene der Globalisierung, die auch nichts mit der weltweiten Kunstindustrie zu tun hat, ist die Globalisierung der Traditionen der modernen Kunst. Mehrere Traditionen der klassischen Moderne, von denen man vor zwanzig oder dreißig Jahren so gut wie nichts wusste, sind heute co-präsent und gegenwärtig geworden – neben dem „Hauptstrang“ der modernen Kunst des 20. Jahrhunderts aus Europa und den USA. Zu diesen präsent gewordenen, anderen Traditionen der Moderne zählt die Entwicklung in Lateinamerika zwischen 1920 und heute, die unglaublich spannend ist – neuerdings haben viele große Museen einen eigenen Kustos für lateinamerikanische Kunst. Dazu zählt aber auch die Tradition der Künstlerinnen in der Moderne, die bis etwa 1975 so gut wie ganz ausgeblendet war. Seither wurde in diesem Bereich schon viel aufgearbeitet, und das hat viel neues „Erbgut“, formales Erbgut, in die avancierte Kunst der Gegenwart eingebracht und die Szenerie verändert. Man könnte noch andere Beispiele für gleichberechtigt gewordene, andere Traditionen der Moderne anführen, jene aus Ost- und Südosteuropa zum Beispiel. Auch das hat die Wahrnehmung sowohl der Künstler als auch des Publikums in den letzten Jahren radikal verändert und zählt zu den spezifischen Eigenschaften des 21. Jahrhunderts.

Es ist kein Zufall, sondern Teil dieser Entwicklung, dass im kommenden Jahr auf der Biennale von Venedig ein albanischer Künstler, Anri Sala, der überwiegend in Berlin lebt und in Frankreich seit seinem Post-Graduate-Studium ein Übertalent war, Frankreich vertritt, während eine international zusammengesetzte Gruppe aus Künstlerinnen und Künstlern, unter denen der chinesische Künstler Ai WeiWei die bekannteste Persönlichkeit ist, Deutschland vertritt. Das wäre beides noch vor wenigen Jahren nicht vorstellbar gewesen. Im Herbst 2012 entschied man sich im Pariser Centre Pompidou, parallel zur Kunstmesse Fiac gezielt die beiden besten jüngeren Künstler aus Paris auszustellen, „um dem internationalen Publikum der Kunstmesse die Qualität der Kunst hier zu zeigen". Und man zeigte wirklich die beiden Besten in Paris. Der eine ist Rumäne, Mircea Cantor, und der andere Algerier, Adel Abdessemed. Welches spannende Szenario! Ein Direktor des Musée National d'Art Moderne im Centre Pompidou, der gleichzeitig einem Rumänen und einem Algerier eine Einzelausstellung gegeben hätte, wäre vor zwanzig Jahren noch entlassen worden. Jetzt ging das ohne Widerspruch durch die Medienwelt und ergab zwei sehr gut besuchte Ausstellungen.

Wie verhält sich die gegenwärtige Globalisierung der Kunst zur früheren, aktiven Globalisierung durch die Kunst, die ein Teil des universalistischen Projekts der klassischen Moderne im 20. Jahrhundert war? Auch während der Zeit der klassischen Moderne waren die besten Künstler in Paris oft Ausländer, etwa der Rumäne Constantin Brancusi, der zu Fuß nach Paris gegangen war und dessen Atelier sich – unentgeltlich zugänglich – in einem Museumsbau von Renzo Piano vor dem Centre Pompidou befindet. Auch jenseits des Biographischen war der Entschluss der Künstler der klassischen Moderne, mit reinen Zeichen zu arbeiten, die nichts mit der illusionistischen Tradition der europäischen Kunst zu tun hatten und stattdessen ein universell, ohne besondere Bildung und ungeachtet aller kulturellen Grenzen verständliches Formenrepertoire ergaben, mit dem Ziel verbunden, eine Weltsprache zu schaffen, was zugleich ein soziales Projekt darstellte. Das blieb natürlich Utopie, war aber eine konkrete Utopie im Sinn von Ernst Bloch, und daraus ist sehr viel sehr gute Kunst entstanden. Was kann uns diese Utopie der aktiven Globalisierung durch die moderne Kunst in unserer heutigen Globalisierung sagen?

Gestatten Sie mir, abschließend das Programm zu umreißen, das ich mir für meine Tätigkeit in diesem Haus vorgenommen habe.

Ich möchte davon ausgehen, was man in unbeholfener Weise eine „Künstlerästhetik" nennen könnte. Also keine Rezeptionsästhetik, wie sie seit den sechziger Jahren intensiv betrieben wird, die den Rezipienten ins Zentrum stellt – das macht heute die globale Kunstindustrie auf ihre Weise. Auch keine relationale Ästhetik, wie Nicolas Bourriaud sie für einige Ansätze der neunziger Jahre auf den Begriff gebracht hat. Ich möchte auch nicht besonders vom Kontext ausgehen, auch nicht so sehr von der Institutionskritik, obwohl man das mitbedenken kann und sie zum Teil in diesem Haus erfunden wurde. Mir scheint es heute wichtig, von Fragen auszugehen wie: Wie arbeiten die Künstler eigentlich heute, was denken die Künstler eigentlich heute, was machen die Künstler eigentlich heute? Vielleicht kann man auch so der Frage näherkommen, was das Neue in der Kunst unserer Zeit ausmacht und was das Wichtige ist. Außerdem geht es natürlich in dieser Institution um den unabhängigen Künstler und darum, den Studierenden und angehenden Künstlern grundlegende Orientierungen in diesem Bereich zu vermitteln.

Das Hauptthema meiner Forschungsarbeit hier könnte man etwa so formulieren: Was unterscheidet die Kunst dieses frühen 21. Jahrhunderts von der Kunst des 20. Jahrhunderts und der Kunst des 19. Jahrhunderts? Die Kunstberichterstattung unterstreicht natürlich immer die Kontinuitäten. Was ist aber, wenn wir mitten in einem tiefen Umbruch stecken, den wir nicht immer bemerken? In einer tiefen Umwandlung, in der viele Dinge in der Kunst verschoben und erfunden werden? Der Versuch, dem auf die Spur zu kommen, kann es auch ermöglichen, die wesentlichen Traditionen der Moderne des 20. Jahrhunderts und auch des 19. Jahrhunderts neu zu sehen und fruchtbar zu machen, was ganz wichtig ist, wenn man sich heute dem Zeitgeist nicht ganz ausliefern will.

Der dritte Punkt: Natürlich möchte ich ebenso davon ausgehen, dass dieser Lehrstuhl „Kunst und Öffentlichkeit" heißt. Was ist heute Öffentlichkeit, und was ist sie für den Künstler? Wie verhält sich das zur Nichtöffentlichkeit, die man sich als Künstler aufbauen muss, wenn man eigenständige Dinge machen will? Wie verhält sich das für Studierende an einer Kunstakademie heute? Die Kunstakademie schützt sie einerseits vor der Öffentlichkeit und versucht ihnen andererseits beizubringen, wie man sich möglichst autonom und souverän eine eigene Öffentlichkeit aufbaut. Wie verhält sich das zur Meisterklasse, die den Studierenden nochmals gegenüber der inneren Öffentlichkeit der Kunstakademie schützt und andererseits die erste spezifische Öffentlichkeit ist, die er bei seiner künstlerischen Tätigkeit kennen lernt und sich aufbaut?

Kalter Krieg im Kunstbetrieb

Als ich bei einer Podiumsdiskussion im Kölner Museum Ludwig, die im Vorfeld der europäischen Kunstbiennale „Manifesta 9“ stattfand, sagte, eine Kunstausstellung müsse immer in erster Linie dazu da sein, die Künstler und ihr Werk zu zeigen, erntete ich bloß Kopfschütteln. Als ich hinzufügte, es gehe bei einer Ausstellung immer auch darum, Künstlern, von deren Werk man überzeugt sei, zu stärkerer Anerkennung zu verhelfen, antwortete mir eine andere frühere „Manifesta“-Kuratorin, das sei „kommerziell“. Danach fanden wir ebenso wenig eine gemeinsame Basis. Der Satz, es gehe um die Kunst und die Künstler, ergab keinen Konsens. Zuvor hatte Katerina Gregos in ihrer Präsentation der diesjährigen „Manifesta 9“ erklärt, eine Ausstellung müsse sich heute politisch geben, um berechtigt zu sein. Entgegen der „Inflation an Künstlern“, die auf vielen Biennalen zu beobachten sei, hätten sie und ihre Kollegen die Zahl der jüngeren Künstler auf ein Minimum beschränkt. Dabei ist die „Manifesta“ eine Informationsausstellung über junge Kunst ...

Diese Begebenheit ist symptomatisch für die gespaltene Kunstwelt, die in den letzten Jahren entstand. Auf der einen Seite stehen der Kunstmarkt und die großen Museums- und Ausstellungsinstitutionen, die – zumindest außerhalb Europas – derzeit eine gründerzeitliche Situation erleben. Davon scharf abgegrenzt hat sich eine zweite Kunstszene gebildet. Sie wird überwiegend von den freien Kuratoren getragen, die in den neunziger Jahren nach den ersten „Ausstellungsmachern“ der siebziger Jahre in Erscheinung traten und die mittlerweile fast alle der weltweit mehr als 150 Biennalen mit internationaler Ausstrahlung bespielen, neben kleineren Institutionen, die weltweit vernetzt sind. Beide „Welten“ der heutigen Kunstszene kommunizieren so gut wie nicht mehr miteinander. Die Kuratorenszene nimmt sich selbst als das „gute“ Lager wahr gegenüber der „korrumpierten“ Welt der Museen und des Kunstmarkts – und ist bei diesen wiederum als kopflastige Sekte verrufen. Die Kuratorenszene hat gegenüber dem Pragmatismus des Markts und der Museen ein komplexes und weit verzweigtes Theorienetz ausgebildet, in dem die These von der politischen und sozialen Funktionalität von Kunst eine wesentliche Rolle spielt. Sie kommt in den europäischen Großausstellungen dieses Jahres, von der „Berlin-Biennale“ über die „Triennale von Paris“ bis zur „documenta“ und zur „Manifesta“, eklatant zum Ausdruck.

Diese beiden „Welten“ der Kunst unserer Zeit führen nicht nur einen „Kalten Krieg“, sondern auch völlig unterschiedliche Künstlerlisten. Die bekannten Künstler sind bei den Museen und dem Markt angesiedelt, während die sogenannten „Biennale-Künstler“ auf dem Kunstmarkt mehrheitlich kaum eine Rolle spielen. Das weitgehende Fehlen bekannter Künstler auf der diesjährigen „documenta 13“ ist dafür bezeichnend – und ein Paradox bei einer Ausstellung, die 1955 gegründet wurde, um regelmäßig die wichtigsten Künstler der Epoche auszustellen. Zudem haben die Kuratoren-Biennalen der letzten Jahre immer wieder ganz neue Künstlerlisten präsentiert, wodurch viele jüngere Künstler in diesen Ausstellungen verheizt wurden, ohne sich wirklich durchsetzen zu können.

Weitreichender sind die Folgen des Kunstbegriffs, der die Großausstellungen dieser „zweiten Kunstwelt“ bestimmt. Unterschwellig wird die Botschaft vermittelt, dass eine soziale oder politische Begründung der künstlerischen Arbeit notwendig sei, damit man überhaupt Kunst machen dürfe – auch wenn diese Auffassung die Tradition der Aufklärung und der künstlerischen Freiheit negiert. Das Argument, dies sei nun mal ein großer Teil der Kunst unserer Zeit, stimmt nur bedingt. Denn die jüngeren Künstler wissen durchaus, dass sie auf die Kuratoren-Biennalen nur eingeladen werden, wenn sie diese Art von Kunst machen. Einer solchen ideologischen Verengung wird sich diese „zweite“ Kunstszene kaum bewusst, da ihre internen Kommunikations- und Abgrenzungsmechanismen bisweilen an politische Kleingruppen der siebziger Jahre erinnern.

Natürlich ist die andere Seite um nichts „besser“, mit dem hochkapitalistischen und rücksichtslosen Kunstmarkt der Gegenwart. Was kann man in dieser Situation tun? Die Künstler, ihre Arbeit, deren innere Ökonomie und deren Tragweite in den Mittelpunkt stellen.

Wir erleben derzeit eine ungeheuer aufregende Zeit, mit dem tiefsten Umbruch unserer visuellen Kultur seit der Erfindung der Fotografie und mit grundlegenden, allerdings bislang kaum thematisierten Umbrüchen in der bildenden Kunst. Unsere künstlerische Epoche ist nicht weniger spannend als die Revolution der Moderne, die vor hundert Jahren begann. Die Vermittler könnten sich darauf konzentrieren, in einer solchen gesellschaftlichen und künstlerischen Umbruchszeit, deren Ergebnis niemand absehen kann, die Künstler zu begleiten, zu interpretieren, zu vermitteln und ihre Werke zu bewahren.

Die Museen des 21. Jahrhunderts

Im Frühjahr 2004 war eine Auswahl aus der Sammlung des Museum of Modern Art in New York in der Berliner Nationalgalerie zu sehen. Das MoMA, das älteste und bekannteste Museum moderner Kunst, war vorübergehend geschlossen, weil das Gebäude von 1939 zugunsten eines Neubaus abgerissen wurde, der zugleich eine neue Konzeption des Museums und seiner Darstellung der neueren Kunstgeschichte bedeutete. Der Parcours für den Besucher beginnt seit der Wiedereröffnung im November 2004 nicht mehr mit den „Vätern der Moderne", Paul Cézanne, Paul Gauguin, Georges Seurat und Vincent van Gogh, sondern mit Kunstwerken und Künstlern des 21. Jahrhunderts, deren Präsentation ähnlich wie bei einander abwechselnden Ausstellungen jeweils nach drei bis vier Monaten neu ausgerichtet wird. Das neue Museum of Modern Art kehrt bewusst den Blickwinkel auf die Kunstgeschichte gegenüber der traditionellen chronologisch fortschreitenden Darstellung um. Die aktuelle Kunst erscheint nicht mehr als Resultat einer kontinuierlichen Entwicklung der klassischen und modernen Kunstrichtungen, sondern als ein Phänomen per se, von dem aus sich herausragende Momente in der Geschichte der Moderne retrospektiv beleuchten lassen.

War das Museum of Modern Art in New York bei seiner Eröffnung 1929 und bei der Einweihung seines ersten festen Gebäudes und seiner dauerhaften Sammlung zehn Jahre danach in mehrfacher Hinsicht ein Vorreiter, indem es eine bewusste Geschichtsschreibung der modernen Kunst ebenso begründete wie ihre multimediale Betrachtung mit Abteilungen für Architektur, Film, Fotografie und Design, so ist das neue MoMA seit 2004 die erste Verkörperung eines neuen Museumstyps, der die Geschichte der bildenden Kunst nicht mehr historistisch als kontinuierlichen Faden darstellt, der in der Vergangenheit beginnt und in der Gegenwart endet, sondern ausgehend von der Gegenwart Fäden in die Vorgeschichte zieht. Die Voraussetzung für den Erfolg eines solchen Museumskonzepts, das noch in den siebziger Jahren undenkbar gewesen wäre, besteht nicht zuletzt darin, dass im gleichen Zeitraum die Preise für zeitgenössische Kunst mit jenen für die klassische Moderne nahezu gleichzogen, sie teilweise auch überholten. Hinzu kommt der nunmehr bereits drei Jahrzehnte alte Diskurs über die „Postmoderne" in der Philosophie, der Architektur und nicht zuletzt in der bildenden Kunst, wodurch die Betrachtung der Moderne aus dem „Rückspiegel" sich in den Mentalitäten festsetzte.[1] Mit seinem von spannenden Werken der Gegenwart ausgehenden Parcours konnte das neue MoMA seine jährliche Besucherzahl nochmals auf drei Millionen steigern, womit es den dritten Rang unter den Kunstmuseen in den USA und den ersten Rang weltweit unter den auf einen Zeitraum und eine Kunstrichtung spezialisierten Museen einnimmt.[2]

Die Ausstellung der Sammlungsauswahl aus dem Museum of Modern Art war von 20. Februar bis 19. September 2004, also sieben Monate, in der Neuen Nationalgalerie in Berlin zu sehen. Sie wurde von 1,2 Millionen Menschen besucht, also fast ebenso vielen, wie das MoMA in einem solchen Zeitraum heute anzieht. Auch diese Ausstellung wies einen höchst innovativen Charakter auf. Dieser bestand noch nicht in der Neuausrichtung des historischen Blicks, denn die Ausstellung war streng chronologisch aufgebaut. Das Neue der Ausstellung bestand darin, dass erstmals in Kontinentaleuropa ein „Museum auf Zeit" bewusst und zielgerichtet als eine Marke propagiert wurde, mit der Übernahme von Marketingkonzepten aus dem Konsumgüterbereich in die Werbung, aber auch in die Struktur der Präsentation.

Die Agentur MetaDesign schlug aus dem Umstand Kapital, dass bei vorab durchgeführten Umfragen kaum jemand in der breiten Bevölkerung mit den Begriffen „Museum of Modern Art" oder „MoMA" etwas Konkretes verband. Daraufhin beschloss man, aus der rätselhaften Kurzformel „MoMA", einer speziell gewählten, sehr auffallenden Werbefarbe für die Ausstellung und aus der Behauptung eines sensationellen Ereignisses, das man nicht versäumen dürfe, die Ausstellung als eine temporäre Spitzenmarke zu bewerben. Die Rechnung ging in solchem Maße auf, dass ein deutschlandweiter Run auf die Ausstellung, geradezu eine Hysterie entstand, die auch ein breites Publikum erreichte, das sonst nicht in Museen geht. Bereits wenige Tage nach der Eröffnung der Ausstellung in Berlin standen Menschen an der Kasse der Hamburger Kunsthalle, die offensichtlich kaum wussten, wie ein Museumsbesuch abläuft, und fragten, ob „hier das MOMO" sei. Auch die Warteschlange der Besucher vor der Neuen Nationalgalerie wurde gezielt als Marketinginstrument eingesetzt, um bei den Konsumenten den Eindruck zu erwecken, sie würden es ein Leben lang bereuen, diese Sache nicht gesehen zu haben.

Nicht zum ersten Mal war eine Ausstellung ein Star an sich. Bei der documenta in Kassel hatte sich diese Entwicklung seit 1972 abgezeichnet, ebenso wie bei den deutschen Großausstellungen der achtziger Jahre. Doch zum ersten Mal stand eine gezielt eingesetzte, aus der Konsumindustrie übernommene Werbemethode im Zentrum einer Ausstellung. In künstlerischer Hinsicht präsentierte diese zwar erstrangige Kunstwerke, aber nur solche, die seit zehn bis fünfundsechzig Jahren kontinuierlich in der Schausammlung des Museum of Modern Art ausgestellt und drei Monate später dort wieder unter weit besseren Bedingungen für den Besucher zu sehen waren. „MoMA in Berlin" bildete die erste große Ausstellung, die bewusst als Marke aufgebaut war und als solche funktionierte.[3]

Vier Jahre vorher war mit der „Tate Modern" in London das erste Museum moderner und zeitgenössischer Kunst eröffnet worden, das von A bis Z stringent als Marke konzipiert ist. Auf die traditionelle Museumsbezeichnung „Tate Gallery" wird zugunsten der weiter gefassten Marke „Tate" und „Tate Modern" verzichtet. Die Marke steht für mehr als einen Museumsbesuch. Sie wirbt mit einem umfassenden kulturellen Erlebnis, in dem die Betrachtung von Werken der zeitgenössischen Kunst und der klassischen Moderne dem Angebot mehrerer Cafés und Restaurants, acht Buch-, Design- und Gift-Shops, Kinderspielräumen und einer einzigartigen Aussicht auf die Londoner City gleichrangig gegenübersteht. Die Marke wird stringent vom Außenauftritt in der Werbung und auf der Internetseite bin in die Räume für Wechselausstellungen und die Schausammlung durchgehalten. Dem Besucher wird ständig in Erinnerung gerufen, dass er sich in der Tate Modern befindet und etwas erlebt, was kein anderer Ort bietet. Die Räume mit Kunst sind innerhalb des Hauses portioniert, um die schier endlosen Saalfluchten traditioneller Kunstmuseen zu vermeiden. Damit wird der Kunstgenuss insgesamt leichter rezipier- bzw. konsumierbar. Zwischen den Bereichen mit Kunstwerken finden sich Ruhezonen sowie Shops, in denen die bekanntesten Werke der soeben verlassenen Räume in Reproduktionen, Büchern und auf Souvenirs angeboten werden, sodass sich Kunstgenuss und Konsum eng verzahnen. Darin kommt eine innovative Kommunikationsstrategie zum Ausdruck. Das Museum wirbt nicht mehr damit, eine bedeutende Kunstsammlung aufzuweisen, die wissenschaftlich aufbereitet und in ihren wichtigsten Teilen dem Publikum zugänglich gemacht wird. Es argumentiert auch nicht mehr mit der Bedeutung und Anziehungskraft dieser oder jener temporären Ausstellung. Sondern es manifestiert sich als der ‚unglaublichste Ort in London', an dem zusätzlich auch noch die Retrospektive eines sehr bekannten Künstlers und mehrere interaktive Innovationen zeitgenössischer Künstler zu sehen sind.

In diesem neuen, auf dem „Branding" bzw. der Entwicklung einer Marke aufgebauten Museumstyp haben die Belange des Marketings, in ausgesprochener oder unausgesprochener Weise, Vorrang vor den anderen Faktoren bei den internen Entscheidungen über das Ausstellungsprogramm und andere grundlegende Fragen. Ein Beispiel dafür ist Damien Whitmore.[4] Der Spezialist für Unternehmenskommunikation kam 1992 als Pressesprecher an die damalige „Tate Gallery". Zur Jahrtausendwende leitete er das „vollständige re-branding der Tate" (Eigenbenennung in seinem Lebenslauf). Anschließend wechselte er an das Victoria & Albert Museum, wo er zum „Director of Programming" berufen wurde. Im ältesten Museum der Welt für angewandte Kunst ist nun der Marketingchef für das Ausstellungsprogramm verantwortlich.

Vier Jahre vor der antichronologischen Hängung der Schausammlung im Museum of Modern Art hat die Tate Modern bei ihrer Eröffnung im Frühjahr 2000 den Bruch mit dem chronologischen Paradigma der seit Mitte des 19. Jahrhunderts in Westeuropa und den USA entwickelten kunsthistorischen Wissenschaft wesentlich eingeleitet. Die erstrangige Sammlung an moderner Kunst des 20. Jahrhunderts und an zeitgenössischer Kunst findet sich in der Tate Modern nichtchronologisch präsentiert. Anders als selbst das heutige Museum of Modern Art hat das Team der Tate Modern auch auf die Stilbezeichnungen bzw. die Benennung der künstlerischen Bewegungen verzichtet, deren Abfolge die Geschichte der modernen Kunst im 20. Jahrhundert bestimmte. Der Besucher der Sammlungspräsentation in der Tate Modern nimmt weder den Begriff „Kubismus" mit noch den Begriff „Surrealismus", hört und liest nie vom „Abstrakten Expressionismus" und nur am Rande von „Pop Art" und „Minimal Art".

Das Team der Tate rund um Nicholas Serota hat mit der Sammlungsgestaltung in der Tate Modern eine thematische Gliederung der modernen Kunst des 20. Jahrhunderts und der Kunst der Gegenwart gewagt, die zuvor wiederholt als Alternative zur chronologischen Betrachtungsweise der Kunstgeschichte gefordert und versucht worden war. Die Idee, die Chronologie aufzubrechen und die Kunst einer jahrhunderteübergreifenden Epoche thematisch zu fassen, reicht zumindest bis zu den Surrealisten zurück. In der zweiten Hälfte des 20. Jahrhunderts gab es eine Reihe von Versuchen, diesen Gedanken in Museen moderner Kunst oder in Großausstellungen umzusetzen. Diese Versuche blieben durchwegs wenig überzeugend.

Es zählt zu den Faktoren für den großen, bis heute anhaltenden Erfolg der Tate Modern, dass die thematische Hängung der Kunst des 20. Jahrhunderts in den Sammlungsräumen den ersten rundweg gelungenen Versuch in dieser Richtung darstellt. Mit einem regelmäßigen Wechsel der Begegnungen und Nachbarschaften zwischen Kunstwerken aus unterschiedlichen Zeiten des 20. Jahrhunderts unter fünf kompakt formulierten Themen eröffnet die Tate Modern immer wieder einen neuen Blick auf ungesehene Zusammenhänge in der modernen Kunst. Die künstlerische Kompetenz des gesamten Teams der Tate und der Tate Modern hat Weltniveau. Anders wäre ein solches Haus auch nicht mit der ständigen Spannung zu füllen, die es aufweist. Die nichtchronologische, thematische Hängung der Schausammlung in der Tate Modern hat eine „Wende" in der Präsentation der Kunst des 20. Jahrhunderts eingeleitet, deren Auswirkungen derzeit noch kaum abzuschätzen sind.

Betrachten wir diese Entwicklung nochmals vor dem Hintergrund des Ensembles von Tate und Tate Modern als konsequent entwickelter Marke. Die Tate Modern zieht seit ihrer Eröffnung im Jahr 2000 jährlich sechs Millionen Besucher an. Das bedeutet, dass man gegenüber den traditionellen Museumsbesuchern – die alte „Tate Gallery" hatte immerhin bereits eine Million Besucher – auf zwei neue Publikumskreise zielen musste: auf zusätzliche Besucher aus Großbritannien, die keine regelmäßigen Museumsgänger sind, aber anlässlich eines Ausflugs oder einer Reise in die Innenstadt von London zumindest den einmaligen Ausblick auf die City mitbekommen wollen und dann noch einige der unentgeltlich zugänglichen Sammlungsräume besichtigen möchten; sowie auf die London-Reisenden des global gewordenen Städtetourismus, die seit den 2000er Jahren bereits überwiegend aus neuen Regionen kommen, aus Indien, dem Mittleren Osten, dem südöstlichen und fernöstlichen Asien, Lateinamerika und den ehemaligen kommunistischen Staaten im Osten Europas. Beide Publikumskreise kennen die chronologische Geschichte der modernen Kunst des 20. Jahrhunderts nicht einmal mehr in den Grundzügen. Begriffe wie „Kubismus“, „Konstruktivismus“, „Surrealismus“ würden auf das Besuchererlebnis dieser Kundenkreise störend wirken. In dieser Hinsicht lässt sich die – künstlerisch durchaus gelungene und kunsthistorisch innovative – thematische Zusammenstellung in den Sammlungsräumen der Tate Modern nahtlos mit den Erfordernissen des Marketings und der Entwicklung der Marke vereinbaren.

Nicholas Serota wurde 1988, mit 42 Jahren, nach hervorragenden Ausstellungen in der Londoner Kunsthalle „Whitechapel Gallery“ und im „Museum of Modern Art“ in Oxford Direktor der „Tate Gallery“ in London, bereits damals das meistbesuchte Kunstmuseum in Großbritannien. Er hat zehn Jahre lang die Erneuerung des Hauses betrieben, unter Ausnützung des unvergleichlichen Sammlungsbestands an englischer Kunst des 18., 19. und 20. Jahrhunderts sowie seiner Erfahrungen als vormaliger Leiter einer Kunsthalle, die ausschließlich vom Erfolg ihrer Wechselausstellungen abhängig war. Das neue Museumsgebäude für die nicht-englische Kunst zieht, wie gesagt, seit der Eröffnung sechs Millionen Besucher pro Jahr an.[5]

Das Gebäude der Tate Modern ist das erste Museum, das in jedem Detail für einen solchen täglichen Ansturm von Menschen eingerichtet ist, was einen weiteren paradigmatischen Aspekt für die neuen Museumskonzeptionen des 21. Jahrhunderts darstellt. Sechs Millionen Besucher im Jahr ergeben mehr als 20 000 Besucher pro Öffnungstag. Kaum ein klassisches Museum, mit Ausnahme des von François Mitterand bereits unter diesen Überlegungen vergrößerten „Musée du Louvre“ (2012: zehn Millionen Besucher), kann eine solche Besuchermasse auch bloß physisch aufnehmen. Ein Schließungstag pro Woche ist unter diesen Bedingungen unumgänglich, damit die Räume gründlich gereinigt, die ausgestellten Kunstwerke restauratorisch behandelt und die weißen Wände zwischen den Bildern gestrichen werden können. Diese Tage werden in der Tate/Tate Modern – die darin wiederum ein Vorreiter war – wie seither in vielen führenden Museen für die „Privatisierung der Räume" genützt. Das bedeutet, dass exklusive Abendessen, von Unternehmen für ihre besten Kunden oder von Hyperreichen ausgerichtet, mitten in den Sammlungsräumen und den Wechselausstellungen stattfinden. Weder die Kustoden noch die Künstler, deren Werke in den Wechselausstellungen zu sehen sind, haben auf diese exklusiven Vermietungen der von ihnen bespielten Räume nach der Schließung des Hauses für die Öffentlichkeit irgendeinen Einfluss. Die neue Tate/Tate Modern von 2000 war das erste (Doppel-)Museum, dass die Vermietung fast aller Räume an möglichst jedem Abend des Jahres systematisierte. Die entsprechenden Einnahmen übersteigen jene aus den Eintrittskarten für die Wechselausstellungen, wie wichtig diese auch als überregionale und weltweite Anziehungspunkte sein mögen.

Die Tate Modern gedeiht bis heute trotz ihrer sechs Millionen jährlicher Besucher gut. Ähnlich ergeht es dem „Musée du Louvre" seit der Ausdehnung des zuvor auf zwei Flügel des Gebäudes beschränkten, veralteten Museums durch François Mitterand in den achtziger Jahren. Die anfangs sehr umstrittene Glaspyramide von Ieo Ming Pei und die entsprechende Kassenzone im Untergeschoß ermöglichen es mit den entsprechenden Verteilungswegen und der Verfünffachung der Flächen für die Sammlungspräsentation, den Anstieg der Jahresbesucherzahl von vier auf zehn Millionen aufzufangen. Infolge der allabendlichen Vermietung so vieler Räume wie möglich für private Veranstaltungen ist auch das „Musée du Louvre" finanziell weitgehend unabhängig geworden.

Paradigmatisch geworden ist die Tate Modern für die Regelung der Besucherströme. Mit 20 000 Besuchern pro Tag werden einfachste Dinge zu Problemen, für deren Lösung man Spezialisten benötigt. Bei einer solchen Besucherzahl wird 30 000 Mal die Toilette aufgesucht. Allein aus diesem Grund müssen die Räume, in denen Kunst gezeigt wird, portioniert werden, um dazwischen Toiletten- und Waschräume unterbringen zu können. 20 000 Tagesbesucher entsprechen einem gut gefüllten mittleren Fußballstadion – allerdings sechs Tage pro Woche und mit dem Unterschied, dass sich Museumsbesucher anders als Fußballfans ständig im Haus in Bewegung befinden. Hinzu kommen die unzähligen Vorkommnisse, die nicht vorhersehbar sind, aber mit großer Regelmäßigkeit auftreten: ältere Personen mit dem Rollator, Rollstuhlfahrer, Mütter mit Kleinkindern, Menschen, die eine sofortige Assistenz benötigen. Wenn Sie 1 000 Besucher am Tag haben und das Haus modern und gut ausgestattet ist, ist das kein Problem. Wenn Sie im selben Haus 7 000 Besucher pro Tag haben, werden die Bedingungen des Ausstellungsbesuchs unzumutbar für die Personen, die Eintritt bezahlen. Ein Museum moderner Kunst für 20 000 Leute pro Tag anzulegen, wie es mit der Tate Modern geschah, impliziert eine architektonische und städtebauliche Entscheidung besonderer Art.

Das vorrangige Prinzip bei diesem neuen Museumstyp, der für einen Massenbesuch angelegt ist, besteht darin, die Besuchermenge auseinanderzuziehen, damit in den Räumen, in denen Kunst gezeigt wird, kein übermäßiges Gedränge entsteht. Die Tate Modern ist in dieser Hinsicht paradigmatisch. Durch viele Zwischenräume – Ruhezonen, Toiletten, Kinderräume, Shops – werden ständig Besucher aus den Räumen mit Kunst abgezogen. Auf diese Weise bleibt die Besucherzahl pro Raum erträglich. Der einzelne Besucher bemerkt kaum, dass er sich in einer Museums- und Ausstellungsmaschine befindet, in der alle diese Verhaltensweisen berechnet sind – wenn das anders wäre, könnte sie auch angesichts dieser Besucherzahl in einem geschlossenen Gebäude auch nicht funktionieren. Die Tate Modern bietet nur deshalb ein rundweg gutes, vielfältiges Kunsterlebnis für den Besucher, weil er oder sie so weit wie möglich aus den Räumen, in denen Kunst gezeigt wird, herausgelockt wird. Wenn alle Besucher sich ständig in den Räumen aufhielten, in denen Kunst ausgestellt ist, würde ein Museum wie die Tate Modern lange Warteschlangen erleben, deren man kaum Herr werden könnte.

Die Tate Modern war als erstes Museum moderner und zeitgenössischer Kunst der Welt in der architektonischen Konzeption darauf angelegt, ein solches Besucheraufkommen zu verkraften. Das kann eben nur gelingen, wenn man möglichst viele Besucher aus den Räumen abzieht, die der Kunst gewidmet sind. In der Tate und in der Tate Modern gibt es keinerlei Stau vor einer Zugangsbeschränkung und einer Ticketausgabe. Die vielen Zwischenbereiche in der Tate Modern, die Ruheräume, die Shops, die Räume für Kinder, sind daraufhin berechnet, eine Besuchermenge im Gebäude aufzunehmen, die die Anzahl der zulässigen Besucher in den Räumen, in denen tatsächlich Kunst gezeigt wird, überschreitet. Das Museum dieses neuen Typs versucht, möglichst viele Besucher aus den Räumen mit ausgestellter Kunst in sekundäre Räume, Ruhezonen, Aussichtswarten, Cafés, Shops, gut bestückte Buchhandlungen, Projekt-Ausstellungen jüngerer Künstler, Designläden und Kindergärten zu locken. Anders würde ein entsprechendes Besucheraufkommen zu unüberwindlichen Problemen der Sichtbarkeit der eigentlichen Arbeiten führen. Die Entscheidung, möglichst viele Museumsbesucher dazu zu verführen, die Räume für Kunst möglichst rasch wieder zu verlassen, um anderen Museumsbesuchern den Blick auf die Werke freizugeben, ist in der Tate Modern ein Teil des Erfolgs. Mit diesen Parametern, besonders Museen, die die Besucher aus den Sälen für Kunst möglichst abziehen wollen, um das Funktionieren der Institution sicherzustellen – was auch auf das Centre Georges Pompidou in Paris unter der gegenwärtigen Präsidentschaft zutrifft –, sieht man sich tatsächlich einem neuen Paradigma des Museumswesens im 21. Jahrhundert gegenüber.

Wie lässt sich der Museumstyp des 21. Jahrhunderts beschreiben?[6] Ein erster Faktor besteht darin, dass die Museen, auch die staatlichen, städtischen und in anderer Weise öffentlichen Institutionen, in den letzten beiden Jahrzehnten auch in Europa mit wenigen Ausnahmen in die wirtschaftliche Selbständigkeit entlassen wurden. Öffentliche Museen in Europa waren seit den Gründungswellen um 1800 und nach 1870 überwiegend Teil der staatlichen oder städtischen Verwaltung gewesen. Vor 1970 wurden die Besucherzahlen teilweise gar nicht erhoben, weil übergeordnete Behörden sich dafür auch nicht interessierten. Es war die Aufgabe des Museums, die öffentlichen Sammlungen auszubauen, wissenschaftlich zu bearbeiten und dem Publikum zugänglich zu machen. Wechselausstellungen begannen erst mit dem Museum of Modern Art und in breiterer Front in den sechziger Jahren eine gleichwertige Rolle zu spielen. Teil der staatlichen oder städtischen Verwaltung zu sein, wie es bis in die neunziger Jahre überwiegend der Fall war, bedeutete, dass weder die Gehälter noch die Betriebskosten eines Museums innerhalb des öffentlichen Haushalts ausgewiesen wurden. Welche Kosten ein Museum für die öffentliche Hand verursachte, ließ sich nicht genau ermitteln, ebenso wenig die Einnahmen aus Eintritten, da diese direkt in den staatlichen oder städtischen Haushalt flossen. Das Kunstmuseum galt als selbstverständliche Dienstleistung der öffentlichen Hand gegenüber der Allgemeinheit, ebenso wie die Wasserwerke, die Müllabfuhr, Schulen und Spitäler.

Mit der wirtschaftlichen Verselbständigung wurde die Kosten/Nutzen-Rechnung in den Kunstmuseen eingeführt. Seither sind die Ausgaben wie die Einnahmen auf den Cent genau bestimmbar. Die öffentliche Hand drängt darauf, dass die Einnahmen möglichst hoch und die Ausgaben so gering wie möglich ausfallen, damit die Subvention aus Steuereinnahmen trotz der Inflation zumindest stabil bleibt. In betriebswirtschaftlicher Hinsicht unterscheiden sich die öffentlichen Museen in Europa dadurch nicht mehr von den privaten Museen in Europa, Nordamerika und den Schwellenländern. Der politische Druck auf die Museumsleitung, hohe Besucherzahlen zu erzielen, ist in öffentlichen Museen in Europa heute oft sogar größer als in vielen privaten Institutionen.

Die wirtschaftliche Verselbständigung war jahrzehntelang von Museumsdirektoren erträumt worden, um die Museen aus der Gängelung durch die Beamtenschaft zu befreien. Eines der Ergebnisse besteht jedoch darin, dass die Rentabilität Einzug in die gesamte Museumslandschaft gehalten hat. Strikte Rentabilitätskriterien, die auch von der öffentlichen Hand in den von ihr betriebenen Museen angewandt werden, sind bis in die künstlerischen Entscheidungen hinein zu einem wesentlichen Faktor geworden. Die öffentlichen Museen sind damit von den wissenschaftlichen Anstalten, die sie seit ihrer Erfindung in der Aufklärung waren, zu kommerziell geführten Betrieben geworden, auch wenn sie keinen Gewinn abwerfen müssen.

Die wirtschaftliche Selbstständigkeit und das Rentabilitätskriterium haben eine strukturelle Angleichung der öffentlichen und der privaten Museen zur Folge. Da alle Museen darin konkurrieren, möglichst viele Besucher anzuziehen und eine breite und positive Wahrnehmung ihrer Tätigkeit in der künstlerischen Öffentlichkeit zu erzielen, sind auch die Häuser mit unterschiedlichster Vorgeschichte vergleichbaren Prozessen ausgesetzt. Zumeist ist die Marketingabteilung bei den internen Entscheidungsprozessen den künstlerischen Abteilungen gleichberechtigt geworden. Innerhalb des Museumsmarketings hat eine kreative Revolution von epochalem Ausmaß stattgefunden. Unzählige neue, effiziente Instrumente, sich ein treues und ein temporäres Publikum aufzubauen, wurden in den letzten Jahrzehnten geschaffen, wobei die Markenbildung von Museen ebenso neu wie grundlegend bei dieser Umwandlung ist. Ebenso wie bei größeren Betrieben in anderen Sparten ist das Internet in den letzten zehn Jahren zur grundlegenden „Architektur" der Museumsunternehmen geworden. Das gilt für die Webseite als neuen Eingangsraum der Museen, seit die meisten Besucher sich im Internet informieren, bevor sie sich für oder gegen den Museumsbesuch entscheiden. Es gilt aber ebenso für die neuen Formen der ausstellungsbegleitenden Publikation, mit dem raschen Aufstieg des e-Katalogs, des e-Albums und des Ausstellungs-Apps gegenüber einem deutlichen Einbruch bei den Verkaufszahlen der herkömmlichen Ausstellungskataloge, besonders in den USA, Großbritannien und Frankreich, sowie für die gegenwärtige Revolution der Besucherdienste, mit der Möglichkeit, jeden einzelnen Besucher, sobald er sich auf die Webseite begibt oder eine Eintrittskarte per Internet erwirbt, anschließend lebenslang zu verfolgen und ihm gezielte, individualisierte Sonderangebote zu unterbreiten. Eine Wirtschaftsexpertin im Aufsichtsrat eines der größten europäischen Museen formulierte: „Wir erleben den Übergang vom Buch und der herkömmlichen Ausstellung zum Ereignis und zu ‚face to face'. Dieser Übergang wird sich rasch und weltweit in den nächsten fünf Jahren ereignen, und zwar überall."

Das wirtschaftlich selbständige, möglichst rentable Museum hat tiefgreifende Auswirkungen auf die traditionellen Funktionen des Museums: sammeln, bewahren, wissenschaftlich aufarbeiten und ausstellen. Im traditionellen europäischen Kunstmuseum stand die Ausstellung an letzter Stelle und hatte für die innere Ökonomie eine untergeordnete Bedeutung. Diese Hierarchie hat sich seither umgedreht.

Bereits seit den sechziger und siebziger Jahren sind die Wechselausstellungen – im Gegensatz zum Primat der Sammlung im Museumsgedanken der Aufklärung – zu den entscheidenden Anziehungspunkten der Museen geworden. Ohne erfolgreiche Ausstellungsereignisse kann heute kein Kunstmuseum überleben, da es die entsprechenden

Einnahmen durch den Karten- und Katalogverkauf für seine finanzielle Ausgeglichenheit benötigt. Im Verlauf eines halben Jahrhunderts hat sich die Aufmerksamkeit der Museumsleute von der Sammlung zur Ausstellung hin verlagert. In den letzten Jahren führt das dazu, dass die Sammlungspräsentation zunehmend eine Ausstellungsform annimmt, wie sie das Museum of Modern Art in New York und das Centre Georges Pompidou in Paris mit dem regelmäßigen Wechsel der Themen und nahezu der gesamten Werkauswahl in der Schausammlung ausdrücklich als zusätzliche Attraktion kommunizieren.

Dies führt zu einer Funktionalisierung der Sammlungstätigkeit. Schon seit drei Jahrzehnten ist es üblich, sukzessive Erwerbungen von Werken eines international beachteten Künstlers darauf auszurichten, auf dieser Grundlage seine Zustimmung für eine große Ausstellung im Museum zu erhalten. Auch in sehr großen Häusern werden Werke heute oft direkt für eine Ausstellung erworben, während ebenso häufig Museen aus ihren eigenen Ausstellungen heraus Erwerbungen für die Sammlung tätigen, wobei die Ausstellung dann auch dazu dient, Stifter und Sponsoren für den entsprechenden Ankauf zu finden. Sammlung und Ausstellung sind in den Museen des 21. Jahrhunderts eng verzahnt.

Zwei weitere Faktoren bestimmen diese neue Museumslandschaft. Der erste Faktor besteht in der Verschiebung der Gewichtung zwischen den privaten und den öffentlichen Museen. In den achtziger und neunziger Jahren fand in Westeuropa – wohl zum letzten Mal für längere Zeit – nochmals eine Gründungswelle an öffentlichen Museums- und Ausstellungsinstitutionen bzw. spektakulären Museumserweiterungen statt, die häufig ambitioniert und mit internationalem Geltungsanspruch versehen waren. Die Kosten für diese zusätzlichen Institutionen belasten heute die maroden öffentlichen Haushalte. Im ersten Jahrzehnt des neuen Jahrhunderts wurden selbst in Westeuropa neue Institutionen mehrheitlich von privaten Eigentümern auf privatwirtschaftlicher Basis ins Leben gerufen. Diese Verschiebung fällt noch deutlicher in den Schwellenländern aus, die derzeit eine Gründerzeit erleben, wie sie in Europa im letzten Drittel des 19. Jahrhunderts stattfand. 2010 stellte der Verband der Museen moderner und zeitgenössischer Kunst, CIMAM, fest, dass die Museen in privater Hand weltweit betrachtet bereits eine deutliche Mehrheit gegenüber den öffentlichen Museen darstellen.[7]

Bildhaft zugespitzt ist diese Situation in der Konkurrenz zwischen der Biennale von Venedig und dem Großsammler François Pinault. Der Multimilliardär eröffnete 2009 – zeitgleich mit der Eröffnung der 53. Biennale – ein Privatmuseum an der Punta della Dogana, gegenüber dem Markusplatz gelegen. Seither setzt er für die Wechselausstellung, die jeweils zur Zeit der Biennale stattfindet, welche zwischen 200 000 und 300 000 Besucher aus der ganzen Welt anzieht, etwa zehn Mal mehr Mittel ein, als sie dem künstlerischen Leiter der Biennale für die internationale Ausstellung zur Verfügung stehen. Diese privatwirtschaftliche Konkurrenz vor den eigenen Toren hatte die 1895 gegründete Biennale von Venedig bisher nicht gekannt. Sie hat seither die Strukturen auch innerhalb der Biennale verwandelt, indem der künstlerische Leiter, um dem finanziellen Großeinsatz Pinaults Paroli zu bieten, zu einer noch engeren Kooperation mit dem aktuellen Kunsthandel als verdecktem Financier der Biennale angewiesen ist.[8] Indem die Stadtväter von Venedig entschieden, François Pinault die Punta della Dogana zur Verfügung zu stellen, haben sie de facto eine doppelte Privatisierung der zeitgenössischen Kunst in der Stadt eingeleitet. Gegenüber Pinaults Kunstpalast nimmt sich das städtische Museo Correr am Markusplatz ärmlich aus. Zugleich wurde die Abhängigkeit der staatlichen Institution der Biennale von Venedig vom privaten Kunsthandel deutlich erhöht.

Ein letzter, besonders wesentlicher Faktor der gegenwärtigen Entwicklung der Museumslandschaft besteht in ihrer Globalisierung. Vorab drei Hinweise: Seit 2012 bilden die Touristen aus Festlandchina die zweitstärkste Besuchergruppe im Schloss von Versailles; gleichfalls seit 2012 befindet sich die in den letzten zehn Jahren zu internationaler Bedeutung aufgestiegene Wiener Kunstmesse in russischem Besitz und ist mit einer russischen Leitung ausgestattet; das Grand Palais in Paris, mit 2,5 Millionen Besuchern pro Jahr die weltweit größte Ausstellungsinstitution ohne eigene Sammlung, finanziert sich seit 2010 durch die temporäre Vermietung von Räumlichkeiten an Unternehmen der Luxus-Industrie, die mit einer Veranstaltung, einer Modeschau oder einer spektakulären Inszenierung in dem weltweit medial beachteten Gebäude simultan in allen Schwellenländern präsent sein wollen, von Lateinamerika über den Mittleren Osten bis nach Indien, Südostasien und Russland.

Bereits in der ersten Hälfte der 2000er Jahre wurde es für westeuropäische Museen zu einer geläufigen Praxis, bei Ausstellungstourneen mit den älteren und neuen Museen in den Schwellenländern zu kooperieren, die bereits zu diesem Zeitpunkt über die bedeutenderen Geldmittel verfügten. Die Ausstellung von Georg Baselitz in den Hamburger Deichtorhallen vom Herbst/Winter 2007/08 ist eines von zahlreichen Beispielen. Sie war in Hamburg nur finanzierbar, weil das National Museum for Contemporary Art in Seoul als zweite Station der Ausstellung sämtliche Transportkisten bezahlt hatte. Wenn man in den 2000er Jahren eine Ausstellungsvereinbarung mit einem anderen europäischen Museum wegen der fehlenden Geldmittel schweren Herzens stornieren musste und die Frage stellte, ob das eine Katastrophe für die angedachte Ausstellungstournee darstelle, kam regelmäßig die Antwort: „Keineswegs. Dann geht die Ausstellung nach Asien. Wir haben mehrere Anfragen, und die Finanzierung ist dort ja kein Problem." Zahlreiche westliche Museen haben in ähnlicher Form wie „MoMA in Berlin" Teile ihrer Sammlung während Umbau- und Schließungsmaßnahmen für teures Geld an Museen in den Schwellenländern vermietet und sich damit einen finanziellen Rückhalt für ein oder mehrere Jahre verschafft. In künstlerischer Hinsicht bewahrten sich die Museen der westlichen Hemisphäre in den 2000er Jahren weiterhin eine Hegemonie in Form eines weltweit wirkenden Einflusses. In finanzieller Hinsicht aber haben die Schwellenländer in den ersten Jahren des neuen Jahrhunderts ihrerseits eine Hegemonie erreicht. Der westeuropäische und nordamerikanische Museumsbetrieb könnte derzeit nicht mehr ohne das Kapital und die vielen indirekten Finanzierungen aus den Schwellenländern funktionieren. Die von der documenta 13 im Sommer 2012 vollzogene geopolitische Veränderung, indem bei der Kasseler Großausstellung mehr asiatische als westeuropäische Künstler beteiligt waren, übersetzte diese Gewichtsverschiebung in das künstlerische Feld.

Ein zweites Moment in der Globalisierung der Museumslandschaft besteht darin, dass die neuen Museen des 21. Jahrhunderts überwiegend außerhalb Europas und Nordamerikas errichtet werden. Von Lateinamerika über den Mittleren Osten bis in die unterschiedlichen Regionen Asiens zieht sich eine gründerzeitliche Welle, deren Konsolidierung sich seit einigen Jahren in großen und wohldurchdachten Museumsgründungen manifestiert. In diesem Sinn wiederholt sich ein Vorgang, der Ende des 19. Jahrhunderts in Europa und zu Beginn des 20. Jahrhunderts in Nordamerika stattfand, als die zweite Generation der jungen industriellen Dynastien gezielt kulturelle Institutionen aufbaute, um die neue, in dieser raschen Modernisierung entstehende Gesellschaft tiefer zu verankern. Dieser Grundgedanke, der ab 1870 in Europa und ab 1900 in den USA zur Schaffung der wichtigen Kunstmuseen des 20. Jahrhunderts führte – auch die Gründung des Museum of Modern Art im November 1929 kam noch aus dieser Konjunktur –, findet gegenwärtig in den Schwellenländern eine eklatante Erneuerung. In diesen neuen Regionen der Kunstwelt werden nicht nur die ambitiösesten Museen des frühen 21. Jahrhunderts gegründet und errichtet. Sie weisen auch gesicherte Finanzierungen auf, werden von Direktoren und Kustoden geführt, die in den besten Universitäten der westlichen Hemisphäre ausgebildet wurden und finden in den kulturhungrigen Gesellschaften ihrer Länder auch ein Publikum, ohne Überlegungen wie die Positionierung des Museums als Marke übertreiben zu müssen.

Angesichts dieser historischen Entwicklung stellt sich die Frage, ob die aufklärerische Idee des Kunstmuseums als Ort, der sich jenseits kommerzieller Überlegungen befindet, noch eine Zukunft besitzt. Angesichts des Modells der Tate Modern müsste man diese Frage wohl verneinen. Ebenso wie der Grand Louvre werden auch die anderen, globale Besucherströme anziehenden Museen der westlichen Welt von Fragen der Rentabilität, des Umsatzes und des Durchschleusens von Besuchermengen regiert, egal wie bemüht die einzelnen Kuratoren auch sind, den Einsatz für die Kunst und die Künstler möglichst hochzuhalten. Am anderen Ende scheint die Sache für den Museumsbegriff der Aufklärung noch schlechter zu stehen, wenn man beobachtet, wie direkt, ohne die Verneigung vor der Kunst und dem Kunstbegriff, die aus der europäischen Zivilisation kommen, die Besucher der Biennalen in den Schwellenländern den ausgestellten Kunstwerken gegenübertreten. Gegen diese pessimistische Sicht spricht der Umstand, dass die Gründungswelle neuer Museen, die im frühen 21. Jahrhundert die Schwellenländer durchzieht und alles hinter sich lässt, was sich in der westlichen Museumslandschaft abspielt, ausdrücklich die Verankerung sich rasch wandelnder Gesellschaften in strahlkräftigen Institutionen anstrebt, die dank der Kunst die Gegenwart und die Vergangenheit für breite Bevölkerungskreise fassbar machen können. In diesem Sinn ist der aufklärerische Museumsgedanke im aktuellen Boom der Kunstmuseen in den Schwellenländern nicht verloren gegangen, sondern wird geradezu neu geboren.

Zur politischen Ökonomie einer Galerie[1]

Ich weiß nicht, worauf du hinauswillst. Manchmal bist du von den Gegenständen fasziniert, die du beschreibst, dann wieder verführt dich das Schreiben, über weite Strecken hältst du dich zurück. Du scheinst die Dinge zu benennen, um ihnen ihre Bedeutung zu entziehen, ihnen ihre historische Identität abspenstig zu machen.

- Hm.

- Du versuchst zwar genau zu sprechen und diese Genauigkeit mit einer Faszination für den Gegenstand zu verbinden. Aber deine Sprache legt die Dinge nicht klar, deckt sie nicht auf, präsentiert sie bestenfalls als etwas Geheimes. Sie vermengt die historische Beschreibung, die These und die Faszination. Dadurch wird das Buch unklar und verwirrend. Bei der „politischen Ökonomie“ sollte sich das ändern (obwohl, verstehe mich richtig, ich wünsche mir keine statistisch belegte Langeweile).

- Der Titel „Zur politischen Ökonomie einer Galerie“ ist eine Finte und Parodie, weniger eine Ankündigung. Ich habe keine ökonomischen Erkenntnisse vorzuweisen, zumindest nicht im Sinne jener Ökonomie, die an den Universitäten gelehrt wird. Es gibt keine Formeln, die die Wahrheit aus dem Chaos der Welt hervorzaubern. Mein Interesse lag woanders und könnte etwa so formuliert werden: Wie verhalten sich die Wünsche und Begierden zueinander und zu den vollen und organlosen Körpern, zu den Institutionen und Strukturen, wie besetzen sie einander, welche Fluchtwege, Ablenkungen und Verschiebungen resultieren daraus? Welche Beziehungen bestehen zwischen den Strömen, Beziehungen der Wirtschaftlichkeit, des Kampfes und des Austausches, der Auslöschung? Wie entstehen und funktionieren Strategien, wie versickern sie, wie verhalten sich die Strategien der Galerie zu den Strategien der Künstler und zu den Strategien der

Werke? Wann schießen sich die Wünsche ein Eigentor, wann schießen sie dem Gegner ein Tor, und wann schießen sie den Ball ins Out? (Wobei keineswegs feststeht, was mehr Spaß macht.) Und vor allem auch: Wann sind die Wünsche eines Künstlers bzw. seine personalen Interessen den Wünschen und Strategien seines eigenen Werkes entgegengesetzt, und was hat das zur Folge?

Dieses Kapitel beschäftigt sich daher nicht nur mit der politischen Ökonomie der Galerie, sondern auch mit den Ökonomien jener Künste, die in den letzten Jahren die politische Ökonomie der Galerien thematisieren wollten.

Vor allem möchte ich unterscheiden zwischen dem Diskurs über die Ökonomie, wie er in den Galerien geführt wird, zwischen der Story, die man sich selbst über die eigene ökonomische Praxis erzählt, und der ökonomischen Praxis selbst.

Zunächst zum Diskurs über die politische Ökonomie der Galerien. Hier möchte ich zwei Modelle aneinanderreihen. Das erste schildert das Selbstverständnis der Informationsgalerien, wie es in den letzten Jahren bestand, vermengt mit einigen Kritikpunkten, die aus der galeriekritischen Kunst der letzten Jahre stammen. Das zweite Modell dagegen ist meines Wissens neu und benützt, wie ich nachträglich bemerkt habe, die geographische Theorie der zentralen Orte (Hans Bobek, Walter Christaller) als Beschreibungsschema. Nach diesen zwei Modellen gehe ich auf die Galerie nächst St. Stephan ein, um mit Bemerkungen zur Sozialkunst und zur gesellschaftlichen Ethik der österreichischen Künstler zu schließen.

Das erste Modell schildert wie gesagt das Selbstverständnis der Informationsgalerien der siebziger Jahre: Während der fünfziger Jahre herrschten archaische Verhältnisse auf dem Kunstmarkt. Die Galerien sicherten sich Künstler durch feste Verträge, oft sogar durch Exklusivverträge. Im Ideal dieses Systems liegt das entscheidende Risiko beim Galeristen, wie es die Ethik der Handelsbourgeoisie vorschreibt. Der Galerist bezahlt den Künstlern einen Vorschuss, oft auch ein fixes Gehalt, und wenn er sich im Talent des Malers getäuscht hat, bleibt er auf hunderten Bildern sitzen. Allerdings wurde dieses Ideal in der Praxis nicht befolgt, man griff zu Kartellbildungen und Absprachen aller Art, der Händler verfügte über ein Netz von Kritikern, Zwischenhändlern, Filialen, Strohmännern usw., um das direkte Risiko gegenüber dem Kunstwerk zu umgehen. Auch schrieben die Verträge oftmals bestimmte Formate und Farben vor, es bestanden Absprachen über die Produktionsmenge usw. Und vor allem bekamen die Künstler fast nichts bezahlt. Selbst die berühmtesten erhielten nur 15 bis 20 Prozent des Verkaufspreises, und die meisten Künstler, deren Werke heute als Meisterleistungen in den Museen bewundert werden, lebten nicht ausschließlich von der Kunst. Dies gilt nicht nur für Wien, sondern auch für Paris und New York. Die Idee des Systems aber entsprach den alten Vorstellungen der Handelsbourgeoisie: Sicherheit für den Produzenten und volles Risiko des Händlers gegenüber dem Werk.

Bereits während der fünfziger Jahre gewann ein neuer Galerietyp an Bedeutung, die Kommissionsgalerie. Gleichzeitig mit der Ablösung von Paris als Kunstmetropole durch New York, also etwa um 1960, setzte sich diese Galerieform endgültig durch. Kunstwerke wurden nun in Kommission verkauft, der Künstler erhielt den vollen Verkaufspreis, abzüglich 30 Prozent Galeriespesen. Kommissionsverkäufe dieser Art erlaubten flexiblere Vertriebsformen, eine raschere Übernahme neuer Produkte und den schnelleren Export einer schnelleren Entwicklung.

Hier gilt es allerdings zu differenzieren: Dieser Wechsel der Galerieformen hängt nicht nur mit der Pop Art und ihren Begleitstilen zusammen, wie es vielleicht scheinen mag. Er begann bereits nach dem Krieg mit Informel und Abstraktem Expressionismus, Weltstilen, die eine Hochkonjunktur auf dem Kunstmarkt zur Folge hatten. Auch die Kommissionsgalerien waren keine neue Erfindung, sie hatten schon immer existiert, nur hatte es sich um kleine Nachzüglergalerien gehandelt. Nun aber kommen neugegründete Kommissionsgalerien an die Macht und beginnen die Kunst der sechziger Jahre zu organisieren: Die Galerien können nun plötzlich extremste Kunstformen zeigen, das Geld verlagert sich in der Praxis der Galerie vom Zentrum in diverse Randzonen, die Galerien beginnen mehrere Produktionsformen nebeneinander zu betreiben, Ausstellungen, Publikationen, Aktionen und sonstige Aktivitäten zu verbinden, kurzum: Während der sechziger Jahre entstehen, parallel zum Ende des Tafelbildes, die ersten Informationsgalerien.

Diese Galerien repräsentieren die Antikunst und die Avantgarden, und sie beginnen, durchaus unter dem Einfluss dieser Künste, ihre eigenen Strukturen zu verändern und selbst avantgardistische Praktiken zu erproben. Denn die Antikunst lässt sich ja nicht mehr verkaufen wie die früheren Tafelbilder, die von den informellen Malern noch marktgerecht in verschiedenen Größen produziert worden waren. Ähnlich wie das Happening beginnen die Informationsgalerien neue Publikumsschichten zu erschließen, den Bezug zum Rezipienten über die Bindung an den Künstler zu stellen, ja überhaupt erst den Rezipienten als mündiges Wesen zu erkennen. Allmählich entwickelt sich das Bewusstsein, dass Galerien nicht dazu da seien, Kunstwerke zu verkaufen, sondern den geistigen Inhalt von Kunstwerken dem Betrachter zu vermitteln, dass sie sozusagen spirituelle Unternehmen seien und die Nichtkommerzialität anzustreben haben.

Und vor allem geht es darum, das Ghetto der Kunstszene zu verlassen. In diesen Jahren, vor und nach 1968, wird es selbstverständlich, die Kunst als ein gesellschaftliches Phänomen zu sehen. Die Vorstellung vom vereinzelten Betrachter vor dem vereinzelten Bild in einem abgeschirmten, durch einen normativen Kunstbegriff sakralisierten Museum, bewacht von einem beamteten Wärter, wird zur Horrorvorstellung, von der sich alle entfernen wollen. Progressive Galeristen gründen die ersten Produzentengalerien, und manche, besser gesagt: fast alle setzen ihre Hoffnungen in auflagenstarke Graphikeditionen und Multiple-Auflagenobjekte.

Zu Beginn der siebziger Jahre erfolgt die doppelte Gegenbewegung. Bereits gegen Ende der sechziger Jahre war mit der Concept Art und der Arte Povera eine bewusst ärmliche Kunst aufgetreten, die eine Post-Objekt-Kunst erstrebte, eine reine Bewusstseinskunst, an der nichts mehr verkäuflich sein sollte. Und zugleich entstand ein gigantischer Verkaufsboom in der Kunstwelt, Graphikeditionen, ja geradezu Graphikfabriken mit Fließbandverfahren schossen aus dem Boden und begannen alles zu überschwemmen.

Genau besehen waren die Informationsgalerien daran nicht unschuldig gewesen, auch wenn nun andere das große Geschäft machten. Denn die Informationsgalerien hatten die Rezipienten herangezüchtet und den Kunstboom vorbereitet, der sich nun zu barer Münze machen ließ, und sie hatten einen kommerzfreien Raum etabliert, in dessen Rücken die Geschäfte umso besser gingen. Und nicht zuletzt war der Umsatz so mancher Galerie in ihrer Informations-Phase größer als in ihrer Handels-Phase.

Die Hochkonjunktur des Kunstmarktes brach jedoch bald zusammen, etwa zeitgleich mit dem sogenannten Ölschock. Der Graphik-Boom war vorbei, und die äußerlich ärmlichen Bewusstseinskünste beherrschten das Programm der Informationsgalerien. Es wurde ruhig. Die großen Hoffnungen waren versandet, das Selbstverständnis der Informationsgalerien blieb allerdings bestehen, ja es kam nun erst voll zum Tragen. Als die Protestbewegung in ihre Melancholien und Sekten zerfiel, begannen sich viele Galerien als Refugien der unterdrückten Kunst zu definieren. Die Frauenkunst, die galeriekritische Sozialkunst und Aufführungsformen wie die Performance fanden hier ihre Heimstätte. Geld kam nur noch selten zur Sprache, selbst die galeriekritische Kunst wandte sich vornehmlich gegen ideologische und wahrnehmungstheoretische Praktiken der Galerien, weniger gegen deren Geschäftsgebarung. Diese schien es nicht mehr zu geben. Mehr denn je lebten die Galerien von Subventionen - zumindest in Österreich.

In letzter Zeit allerdings ist dieses Selbstverständnis der Informationsgalerien zerbrochen, beginnend mit 1979 und vollends seit 1981, und zwar im Zusammenhang mit dem Boom der neuen Malerei.

So lautete wie gesagt das Selbstverständnis der Informationsgalerien der siebziger Jahre in Österreich. Für das Ausland trifft es nur in sehr beschränktem Ausmaß zu.

Das zweite Modell dagegen betrachtet die Situation auf der internationalen Ebene, Österreich eingeschlossen, wenn auch an peripherer Stelle. Dieses Modell stellt sich in Form einer Landkarte dar, auf die beliebig verschiebbare Kreise mit wechselnden Durchmessern aufgelegt werden (wie das Zirkelschlagen im Atlas). Jede der folgenden Galerietypen bildet das Zentrum eines kreisförmigen oder sechseckigen Wirkungsbereichs, dessen Reichweite von der Vertriebsgalerie zum Kleinantiquariat kontinuierlich abnimmt.

Es gibt elf Typen von Galerien, die sich in dem, was ich eine Kunstrevolution (Paradigmenwechsel, Stilwandel, Konjunkturumbruch) nennen möchte, seriell verketten:

- die revolutionäre Galerie
- die publizistische Galerie
- die Vertriebsgalerie
- die Informationsgalerie
- die Verkaufsgalerie für aktuelle Kunst
- die Verkaufsgalerie für soeben inaktuell werdende Kunst
- die Verkaufsgalerie für historische Kunst

- die Verkaufsgalerie für Kleinkunst aus allen Bereichen (Antiquariat)
- die ahistorische Galerie
- die Regional- bzw. Lokalgalerie
- die Galerie ohne kunsthistorischen Anspruch (Warenhaus)

Das europäische Informel entstand wie folgt:

1. Die *revolutionäre Galerie*, deren Organisationsweise stark differieren kann und bloß sekundär ist, zeichnet sich dadurch aus, dass sie zur selben Zeit zu ihrer Produktionsweise findet wie die Künstler, von denen sie lebt. Ein paralleles, ineinanderverwobenes Werden von Galerist und Künstler erzeugt jene Kunst, die Furore macht.

René Drouin hatte bereits jahrelang eine kleine Galerie in Paris betrieben, in der Personen höchsten intellektuellen und künstlerischen Niveaus verkehrten, als er 1945 von einem Freund aufgefordert wurde, einen Künstler namens Wols auf dem Land zu besuchen, um dessen Aquarelle zu besichtigen. Drouin war sofort begeistert und überredete Wols zu einer Ausstellung in Paris. Diese fand um die Jahreswende 1945/46 statt (Katalog mit Text von Henri-Pierre Roché), wurde allerdings kaum beachtet. Wols blieb seither in Paris, in einem kleinen Hotelzimmer wohnend, Drouin machte ihn mit Sartre bekannt, und Wols fand, wie schon in den dreißiger Jahren, in die Pariser Künstler-Szene, ohne sich voll zu integrieren.

Im Herbst 1946 stellte Drouin unaufgefordert einige Leinwände in das Hotelzimmer von Wols. Dieser war mehr oder weniger empört, ignorierte sie und blieb bei seinen handgroßen Aquarellen. Das Bemalen größerer Formate erschien ihm als Gymnastik, und diese lehnte er ab.

Eines Nachts jedoch begann er, die Leinwände zu bearbeiten, „und in einem hektischen, trancehaften Zustand, der über Wochen anhielt, ging Wols diese Wände an“, wie Werner Haftmann schreibt. In kurzer Zeit entstanden vierzig Bilder. Diese wurden Ende Mai 1947 bei Drouin ausgestellt, zwar ohne großen Publikumserfolg, aber mit entscheidenden Erlebnissen von Sartre, Paulhan und Mathieu.

2. *Die publizistische Galerie:* Vor den Bildern von Wols brach Georges Mathieu in Entsetzen und Entzücken aus. Er wusste, dass nun alle Zeichen neu geschaffen werden mussten. Im Mai 1948, also ein Jahr danach, organisierte er mit Michel Tapié in der Galerie Colette Allendy, Paris „H.W.P.S.M.T.B.“ (Hartung, Wols, Picabia, Stahly, Mathieu, Tapié, Bryen), den ersten innerfranzösischen Überblick über die neue Ten-

denz. Es folgten Zeitschriftenaufsätze und kleinere Ausstellungen, und im März 1951 gelang die Verbindung mit Amerika: „Véhémences Confrontées", organisiert von Tapié, vereinigte Bryen, Capogrossi, de Kooning, Hartung, Mathieu, Pollock, Riopelle, Russell, Wols (Galerie Nina Dausset, Paris, besucht von Lassnig und Rainer). Danach ging es Schlag auf Schlag: Michel Seuphor publizierte eine Spezialnummer der Zeitschrift „Art d'aujourd'hui" mit dem Titel „Paris-New York 1951"; im September 1951 prägte Tapié das Schlagwort mit der Ausstellung „Signifiants de l'informel" (Dubuffet, Fautrier, Mathieu, Michaux, Riopelle, Serpan; Studio Facchetti, Paris); 1952 erschien Tapiés Buch „un art autre". (Der Abstand von drei bis vier Jahren von der Produktion der neuen Kunst bis zu deren Publikation bei Kunsthallen-, Gruppen- und Überblicksausstellungen blieb interessanterweise in den späteren Kunstrevolutionen [1960, 1969 und 1979] konstant.) 1951 war das Informel für deren Begründer vorbei (Wols starb, Pollock beschäftigte sich mit anderen Problemen), als Weltstil war es jedoch eben erst im Entstehen begriffen.

3. *Die Vertriebsgalerie:* Der Vertrieb der neuen Tendenz unterscheidet sich von der publizistischen Verbreitung. Es geht um zweierlei: erstens um den Aufbau eines Netzes von Kleingalerien innerhalb der Metropole selbst, die Werke ankaufen oder in Kommission übernehmen; zweitens um den Aufbau internationaler Ströme: Ausländische Galerien übernehmen Ausstellungen, meist ohne Chance, eigene Künstler in die Metropole zu bringen. Allerdings können diese Importgalerien selbst zu revolutionären Zentren eines regionalen Bereichs werden. (Auch dieses System ist zurzeit noch intakt.)

4. *Die Informationsgalerien* bilden die Zentren einzelner Regionen. Während in Paris und New York die ersten Museumsausstellungen stattfinden, präsentieren anderswo Informationsgalerien (Kunsthallen, Kunstvereine) die neue Kunst und durchsetzen sie mit eigenen Talenten aus dem regionalen Bereich. (Vgl. die Ausstellung „Unfigurative Malerei" in Klagenfurt 1951, organisiert von Lassnig und Rainer.)

5. Fast zugleich oder knapp danach übernimmt in demselben regionalen Zentrum eine *Verkaufsgalerie für aktuelle Kunst* einige dieser jungen Talente zu fixen Konditionen, während die Informationsgalerie sich nicht auf Personen festlegt und die Weite der neuen Kunst ausleuchtet. (Die Galerietypen 4 und 5 stehen durch Austauschausstellungen in Kontakt.)

6. Künstler, die von der Informationsgalerie bzw. von der Verkaufsgalerie für aktuelle Kunst während der vorangegangenen Epoche vertreten worden waren, verlassen diese Galerien und gründen mit einem geschulten Galeristen eine neue *Galerie für soeben inaktuell werdende Kunst.* Ihnen folgt ein Teil des Publikums nach.

7. Die *Verkaufsgalerie für historische Kunst* wird davon nicht berührt, profitiert jedoch davon, dass sie in einer Zeit des Umbruchs und der Unsicherheit sichere Werte vertritt.

8. Die *Verkaufsgalerie für Kleinkunst aus allen Bereichen (Antiquariat)* kann sämtliche Funktionen innerhalb dieses Systems übernehmen, wenn auch meist nur kurzfristig, ohne ökonomische und organisatorische Macht und auf persönliche Kontakte beschränkt.

9. Die *ahistorische Galerie* bewegt sich frei in diesem Zusammenhang oder außerhalb davon, kann aber jederzeit, unbeschwert von weltgeschichtlichen Stellungnahmen, zu einer revolutionären Galerie werden.

10. Die *Regional- bzw. Lokalgalerie* bemerkt diese Revolution der Avantgardekunst meist kaum und wird von der ästhetischen Neuerung erst im Abstand von einigen Jahren (über Vermittlung der Massenmedien, des Designs und der Alltagsästhetik) beeinflusst. (Die informelle Malerei und die Calder-Moore'sche Nierentischform wurden in den sechziger Jahren zur Leitästhetik der Kleinstadt- und Bezirksgalerien.)

11. Die *Galerie ohne kunsthistorischen Anspruch (Warenhaus)* funktioniert nahezu unabhängig von diesem Zusammenhang und übernimmt höchstens eine passive Funktion: Mit ihrem Verkaufsprogramm vom Typus „röhrender Hirsch" bildet sie im Verein mit der übrigen Alltagsästhetik jenes Element, aus dem sich das Unbewusste des Avantgardekünstlers speist. Denn nur die in dieser Galerie sichtbare Gültigkeit der Gleichungen „Kunst = Kitsch" und „Kunst = Alltagsbehübschung" ermöglicht den Wunsch, eine avantgardistische Kunstrevolution zu vollbringen.

(Soweit es sich um Übertragungen der neuen Kunst von einem Typus zum anderen handelt, scheint das Selbstverständnis der importierenden Galerie und der Mechanismus ihres Aneignungsverhaltens darin zu bestehen, dass sie dem Geschäftspartner Geschäftemacherei und opportunistische Karrieresucht vorwirft sowie dessen Programmwahl ablehnt, schließlich aber denselben Stil und dieselben Künstler übernimmt.)

Wenn man zusätzlich in Betracht zieht, dass es Zentren undefinierter und, wie es scheint, zunehmender Zahl gibt, dass die Zentren immaterielle Zustände sind, die sich momentan herstellen und sogleich wieder verschwinden können, dass die Übertragungen nicht nur zentralistisch und in Stammbaumform, sondern auch bi- und multipolar an beliebigen Orten der Kunstlandschaft stattfinden können, dass Großausstellungen, Kunstzeitschriften und Künstlervereinigungen sowie Sammler-, Handels- und Verteilungsketten eine nicht unbeträchtliche Rolle spielen und dass schließlich jede Galerie gleich mehrere Funktionen erfüllen kann, dann könnte dieses Modell annähernd stimmen.

Die Struktur der *österreichischen Kunstszene* kann durchaus innerhalb dieses allgemeinen Systems analysiert werden. Allerdings gilt es, sie durch einige Faktoren ihrer Sonderentwicklung zu spezifizieren. Diese Faktoren stehen zueinander in vielfältigen Bedingungs- und Wirkungsverhältnissen:

– das Fehlen einer kontinuierlichen Tradition der Moderne (und des mit ihr verbündeten intellektuellen Bürgertums)
– die geringe Anzahl regelmäßiger Käufer, das Fehlen großer Sammler und anreisender Ausländer
– die daraus folgende kulturpolitische Notwendigkeit, Privatgalerien auf vielfältige Weise (öffentlich, privat, politisch) subventionieren zu müssen[2]
– das im Zusammenhang mit diesen Subventionen forcierte Ethos der Nichtkommerzialität und der staatspolitischen Verantwortung in vielen Galerien
– die Vermischung von Hochschul-, Galerie- und Museumsfunktionen, wodurch viele Künstler in die Situation gedrängt werden, zugleich tastend, avantgardistisch und museumsreif zu arbeiten
– das bisweilen auffallend niedrige Alter von Künstlern, die zu ersten Einzelausstellungen eingeladen werden[3]
– überraschend hohe Preise für Werke junger Künstler, überraschend niedrige Preise für Werke arrivierter Künstler (dadurch kommen sie sich ins Gehege)
– das fehlende Hinterland Wiens und der Landeshauptstädte
– die Abgeschlossenheit des Wiener Kessels, wodurch Insiderkämpfe als Weltkriege erscheinen
– und als Resultante dieser Situation die Spezifik der österreichischen Künstler-Seele mit ihrer psychologisierten und personalisierten

Kunstproduktion, der „Ästhetik der Selbstbehauptung"[4] und der Paarung von Veränderungswillen[5] und Wiederholungszwang[6]
- der Nebenerwerbsstatus der meisten Künstler.[7]

(...)

Die siebziger Jahre: Die Informationsgalerie

In dieser Kunsthalle, in dieser Informationsgalerie wird die Kunst ganz anders behandelt als im Künstlerstall. Und zwar zirkulierend. In der Informationsgalerie zählt die Zirkulation, nicht so sehr von einzelnen Kunstwerken, sondern der Kunst im Allgemeinen. Zirkulation von Kunst statt der Ähnlichkeit von Kunstwerken, die in der Gruppe (die Galerie nächst St. Stephan war anfangs, Ende der fünfziger Jahre, um eine Künstlergruppe mit den Malern des Informel Wolfgang Hollegha, Josef Mikl, Markus Prachensky und Arnulf Rainer organisiert) angestrebt worden war. Die Gruppe nämlich musste ihr gemeinsames Zeichen in den Bildern selbst fundieren, eine *Politik der Ähnlichkeit* inszenieren, die jedoch auf Dauer nicht funktionieren kann, weil sie Gleichartigkeiten als Ähnlichkeiten präsentiert und die Subjekte zu einheitlichen Markenzeichen moduliert. Dadurch zerfiel die Gruppe, trotz aller positiven Funktionen, die sie ausgeübt hatte (z. B. die regelmäßige, innerlich offene Aufgabenstellung in Form seriell abfolgender Ausstellungen der Gruppenmitglieder). Die Ähnlichkeit der Kunstwerke, die den Zerfall der Gruppe einleitet, ist notwendig, um die Produktionspalette konzentrieren und damit genauer platzieren zu können. Die Bilder müssen „4 WM"-Ausstellungen ergeben („Vier Wiener Maler"). Der Erfolg dieser Marktstrategie im Außen bildet die Grundlage der Legitimation im Innen.

Die Informationsgalerie funktioniert ganz anders: Legitimation bildet sich im Verweis auf die *Zirkulation* des Systems Kunst innerhalb der Institution. Indirekt legitimiert sich die Galerie durch ihren Beitrag zur Beschleunigung der Welt-Kunst und zu deren Repräsentation. Auch das Verhältnis zur Macht ist hier ein anderes: Die Informationsgalerie muss Machtverhältnisse, welcher Art auch immer, nicht mehr direkt anstreben und benennen, die Macht wird im Gegenteil weder besprochen noch behandelt. Wie das Geld. Kunstwerke werden auch nicht mehr vereinnahmt, sondern Macht wird vollzogen, indem Kunst in Zirkulation versetzt wird. Anders gesagt: Alles kann Kunst sein, aber der Ruhm der Kunst gebührt dem Künstler. Und der Ruhm des Ruhmes gebührt der Institution.

Diese Maschine (organloser Körper) oder zölibatäre Maschine funktioniert durch ein unlösbares Problem: Die Zirkulation (alles ist das Eine, nämlich Kunst) braucht zum eigenen Ruhm den Ruhm des Autors, setzt diesen aber ständig außer Funktion. Die Bedeutung des Autors als Erfinder, Unternehmer, erster Beweger, als autonomes öffentlichkeitsfähiges Subjekt nimmt in dem Maß zu, wie das Subjekt und seine Autonomie in der Zirkulation verschwinden. Das ist die Maschine der siebziger Jahre, nicht bloß in dieser Galerie, hier sogar relativ gebremst. Nacheinander werden der Künstler, der Ausstellungsmacher, der Rezipient, die Öffentlichkeit, die Frau, die Randgruppe, das Kind und schließlich die Neue Jugend zum Subjekt erklärt, um sofort spurlos zu verschwinden.

Vor einiger Zeit erzählte mir ein Künstler folgende Geschichte: Als ich meine Ausstellung in die Galerie brachte, die Bilder hinaufschleppte und die Installation montierte, wurden mir von der Galerie drei Helfer zur Verfügung gestellt. Ich fühlte mich wie ein Krösus, die schleppten alles für mich und montierten alles, ich konnte in Ruhe überlegen und das Arrangement der Ausstellung bestimmen. Drei Wochen später, nach Beendigung der Ausstellung, musste ich alles alleine abräumen und hinuntertragen. Keiner hat sich darum gekümmert. Die drei Helfer schleppten gerade die Bilder für die nächste Ausstellung, die zwei Tage später eröffnet wurde.

Diese Geschichte stammt aus der Zeit nach 1978, und sie verweist auf eine interessante Frage, deren Betrachtung sich über die folgenden Seiten erstrecken wird: Wie hat sich das Ende der Informationsgalerie ereignet, wie hat sich die Neue Malerei durchgesetzt?

Eine besondere, noch nicht klar zu erkennende Rolle spielten dabei die Subventionsaktivitäten von multinationalen Konzernen und Staatsbürokratien, die sich Ende der siebziger Jahren intensivierten.

Schon seit langem hatte sich die Galerie im Status eines de facto pragmatisierten Subventionsempfängers befunden.[8] Sie erhielt pro Jahr eine mehr oder weniger fixe Summe. Gegen Ende der siebziger Jahre jedoch verschoben sich diese Basis-Subventionen eines ganzen Arbeitsjahres zur Projekt-Subvention, zur Finanzierung einer Serie thematisch zusammenhängender Veranstaltungen. Alle österreichischen Informationsgalerien wurden in diesen Prozess eingespannt, der vom Ministerium entscheidend gefördert wurde. Dieses gremialisierte seine Entscheidungsmechanismen.

Nicht die Geldmenge ist entscheidend, auch nicht die Herkunft des Geldes, sondern die Bedingungen seines Gebrauchs. Und genau darin unterscheidet sich die Projekt-Subvention von früheren Praktiken: Die Projekt-Subvention ist weder eine Subvention noch ein neues Mäzenatentum, sondern die Finanzierung von Werbeflächen und Selbstdarstellungen. Mobil Oil spricht das offen aus: Galerien bieten relativ sicher konstruierte Öffentlichkeiten mit zahlreichen Drehpunkt- und Multiplikatorfunktionen. Nur diese werden von den Konzernen benützt, mag auch die Initiative hierzulande von der persönlichen Kunstleidenschaft Generaldirektor Ebelings ausgegangen sein. Die amerikanische Wirtschaftstheorie spricht zwar seit zwanzig Jahren von der Notwendigkeit, die Künstler stärker in den Produktfindungsprozess einzubeziehen, aber die österreichischen Praktiken halten sich davon fern. Die Konzerne und Bürokratien benützen die Galerie unabhängig von jedem Inhalt als Werbeträger in einer elitären und zugleich publizistisch wirksamen Öffentlichkeit. Mit denselben Motiven ist inzwischen das Kulturamt der Stadt Wien – bis ins Signet – den Praktiken der Konzerne gefolgt.

Die Kriterien für den Ankauf von Werbeflächen lauten: Die elitäre Struktur der Galerie muss die Basis für einen expansiven und plebiszitären Anspruch darstellen: Kunst ins Volk bzw. in den öffentlichen Raum. Das erwünschte Image-Bild entsteht in dem Moment, da ein elitärer Kunstbegriff im öffentlichen Raum plakatiert wird. Dazu kommt das Kriterium der Internationalität gepaart mit regionaler Relevanz. Weiters die legitimatorische Funktion der Nichtkommerzialität der veranstaltenden Galerie. Sowie die geballte Vielheitlichkeit des Ausstellungsprogramms und vor allem der Charakter der öffentlichkeitswirksamen Neuartigkeit der gezeigten Kunst. Es geht immer in irgendeiner Form um das Neue und um das Offene.

Die Projekt-Subventionen beziehen sich auf großangelegte Veranstaltungsgefüge zu einem bestimmten Thema und werden punktuell vergeben. Damit paaren sich zwei Handlungstendenzen der Galerien: Sie befinden sich in Konkurrenz zueinander, und sie leben die Utopie der siebziger Jahre, die Utopie der Entgrenzung und der Erweiterung.

Das hat zur Folge, dass die einzelnen Projekte immer vielheitlicher, multipler und gigantischer werden. (Man versucht das Allgemeine der Kunstwelt auf die Galerie abzubilden.) Die Kunstveranstaltungen werden bürokratisiert. Das Budget der Galerien konzentriert sich auf wenige Großveranstaltungen und bläst sich auf.

Weder die Geldmenge noch die meist auftretenden Defizite sind von der Kunst selbst abhängig, von deren Qualität und Resonanz, auch nicht von der Qualität der geleisteten Vermittlungsarbeit, die kein Geldgeber und keine Galerie reflektiert, sondern die Geldmenge ist einzig und allein vom Image der Galerie und vom Verhandlungsgeschick des Galeriemanagers abhängig. Kunst und unternehmerisches Risiko werden getrennt. Dadurch können Galeristen mit erhöhtem Budget nichtkommerziell arbeiten, der Galerist wird vom Unternehmer zum Verwalter. Kunst und Risiko werden entkoppelt und nur noch im Image der Galerie zueinander in Beziehung gesetzt (und in Liebhabereien des Personals). Die Kunst geht als propagandistischer Mehrwert in die Imagebildung ein.

Beide Momente, die Nichtkommerzialität und die Trennung der Funktionsweise der Galerie von der Kunst werden im Verhältnis der Galerie zum Künstler wirksam: Die Künstler, vor allem die jungen, wurden in den siebziger Jahren zur Einhaltung eines moralischen Gebots ermahnt (und sie ermahnten sich selbst): „Du sollst keine Kunst verkaufen, weil Kunst eine Botschaft ist und keine Ware." Andererseits erhalten die Künstler weder von der Galerie noch von den Subventionsgebern ein Gehalt. Der Widerspruch von Botschaft und Ware wird an die Künstler weitergereicht, die selbst für ihren Lebensunterhalt sorgen müssen. Das entspricht dem Prozess der Refeudalisierung, der Ausgliederung und Verlagerung von Produktionsstätten durch Konzerne.

(Die staatliche Kunstförderung reaktiviert den alten philanthropischen Grundsatz, die Notwendigkeit von Hilfeleistungen ausdrücklich zu betonen und einen großen Diskurs zu errichten, das Recht auf Hilfe aber zu verweigern.)

Alle diese Vorgänge, die Trennung von Kunst und Managertum, die Ausgliederung des Widerspruchs von Warengesellschaft und Kulturgesellschaft, die Refeudalisierung der Galeriestrukturen, die Professionalisierung des Publikums, die Zirkulation (alles Vorgänge, die keinesfalls a priori negativ zu bewerten sind, weil diese Beschreibung nicht aussagt, ob die Ströme Territorien besetzen oder freisetzen, ob und wo sich

Minoritäten bilden, solidarisieren oder in Majoritäten umschlagen usw.), alle diese Vorgänge legen es nahe, das beliebte Schema von der Vereinnahmung der Kunst durch den Kunstbetrieb zu vergessen. Denn diese Mechanismen wurden weder von den Konzernen oktroyiert, noch von den Galeristen erfunden, sie entstanden im Zusammenleben der Galeristen mit Avantgardekünstlern der siebziger Jahre. Die Motivationen und Strukturen dieses Kunstbetriebs erweisen sich als Derivate der Avantgardekunst dieser Zeit: Ebenso wie diese lebten die Informationsgalerien im *double-bind*-Selbstbewusstsein der Forderung nach *personaler Subjektivität* von Kunstvermittlung bei gleichzeitigem Festhalten am *neutralistisch-objektivistischen Informationsbegriff.*

Die Informationskunst und die Informationsgalerien beruhen auf dem Subjektbegriff: das Subjekt als ständig negierte Perversion. Die Autobiographie, die signifikante Form des Jahrzehnts, war ja immer öffentlich gemeint, gerade indem sie sich autistisch und versperrt gab. Sie steht zur Öffentlichkeit in derselben Beziehung wie die Informationsgalerie: Beide wollen nur eine Botschaft an den Leser/Käufer bringen: die Autographographie. Das Ich des Autors. Die Autobiographien sowohl der bildenden Kunst als auch der Literatur waren extrem inhaltlich gemeint, und als solche muss man sie rekonstruieren, doch sie versperrten durch ihre Melancholie jede Inhaltlichkeit, jede reale Produktion, sodass sie, wo sie nicht statistisch blieben, nur noch in der Zirkulation eines einzigen Wortes bestanden: Ich, das heißt Autor.

Viele Künstler wollten die Kunst abschaffen, ohne sich als Künstler abzuschaffen, oder umgekehrt. Aus beiden Varianten resultiert eine geheime, getarnte Expansion. Schafft nämlich ein Künstler die Kunst ab, ohne sich als Künstler abzuschaffen, erklärt er die Kunst zu dem Allgemeinen schlechthin: Alleine die Existenz des Künstlers in der Welt macht die Welt zur Kunst. Umgekehrt schaffen manche den Künstler ab, nicht aber die Kunst, und machen damit jeden Menschen zum Künstler. (Ein ähnlicher Gedanke durchzieht die Postmodernismus-Debatte: Hat nicht die Moderne uns allen Denksystemen gegenüber zu Heiden gemacht, nur um die Geltung der Denksysteme auszuweiten, weil die Moderne sich selbst gegenüber keine Heiden duldet?)

Das Wollen der Identität, Subjektivität und Autonomie produziert genau diejenigen Elemente, die eine Bürokratie braucht. Noch dazu werden diese Elemente gleich in der richten Form geliefert: als pure Namen ohne Inhalt.

Der Wunsch, sich dem Markt zu entziehen, indem man nichts Materielles mehr herstellt oder die Botschaft verbarrikadiert; zu verhindern, dass dem Kunstwerk ein falscher Tauschwert zugeschrieben wird, indem man das fertige Objekt abschafft, dem etwas zugeschrieben werden kann, dieser Wunsch schlägt nicht erst in sein Gegenteil um, er produziert es von Anfang an. Jungfräuliche, unberührte Objekte und Texte sind zugleich Objekte ohne eigene Fruchtbarkeit, steril und ohne Schrammen. Damit liefern sie sich allem anderen vollständig aus. Immaterielle Texte können unbegrenzt zirkulieren, ideologiefreie Texte sind Spielbälle jeglicher Ideologie. Produktionslose Texte werden von allem produziert. Sie begründen die Notwendigkeit von Kunstvermittlung. Der Kunstbetrieb bürokratisiert sich in Gemeinschaft mit einer Kunst, deren Formen nur noch bürokratische Verwertung zulassen.

Bürokratie und Information hängen auch andernorts zusammen. Die Charakteristika von Information wie Unpersonalität, Sprache der Klarheit und eine Glätte, die den Adressaten durchzieht, ohne an ihn gerichtet zu sein, dabei jedoch ständig vom Adressaten als Subjekt und als Person spricht, eine Sprache, die als Werbung (Information) immer das Gleiche sagt, indem sie von der Neuheit als einer Eigenschaft des Objekts spricht, diese Charakteristika gehören ebenso zur Beschreibung mancher konzeptuellen Kunst wie zur Beschreibung der Informationsgalerien wie zur Beschreibung von IBM wie zur Beschreibung von McDonald's. Ebenso entspricht der offene Kunstbegriff dem offenen Begriff der Informatik bei IBM („Wir machen alles“) und dem offenen Begriff des Essens bei McDonald's. Und er entspricht der Marktstrategie von IBM und McDonald's darin, dass er an allen Orten der Kunstwelt das gleiche Produktsortiment anbietet.

Weite Teile der Kunst der siebziger Jahre hatten einen sozialkritischen Inhalt. Man sprach von der „Kunst als sozialem Prozess“ und als „sozialer Strategie“. Eine Kunst expansiver Innenwelten wurde geboren. Workshops entstanden als neue Veranstaltungen angewandter Sozialtechnologie. Galerien begannen die Funktionen von Schulen nachzuahmen (statt Kunst zu zeigen, die ein Kind-Werden produziert). Vor allem aber transportierte die Sozialkunst einen mythischen Inhalt: Während das Soziale in der Gesellschaft verschwand, sprach sie beständig vom Sozialen und propagierte die Vorstellung, dass Kunst und Kultur mit Übung und Service zu tun hätten und damit einen Teil der Freizeitgesellschaft bilden. Und zuletzt etablierte die selbstreflektierende Sozialkunst die Galerie als Dauerthema der Galerie. Die Avantgarde schien permanent die Frage zu stellen: Sind Galerien noch möglich? Haben Galerien noch Zukunft? Wie entziehe ich mich als Künstler den Vereinnahmungsgelüsten der Galerien, ohne sie zu verlassen? Wie kann ich in der Galerie gegen die Galerie kämpfen? Als ich dieses Buch zu schreiben begann, im Frühjahr 1980, folgte ich diesem Thema: Wie kann der Künstler (das Kunstwerk) die Galerie verändern? Das achte Kapitel sollte demgemäß lauten: „Der Einfluss der Kunst auf den Wandel der Galerie". Heute, im Herbst 1981, klingt das wie ein schlechter Witz.

Die Galerien des 21. Jahrhunderts

Der Text aus dem Jahr 1982 ist heute von historischem Interesse. Er zeigt, wie sich zu Beginn der achtziger Jahre eine Kritik der Avantgardegalerien der siebziger Jahre schreiben ließ, während die Wiederkehr der Malerei und der figurativen Ansätze mit einer massiven Investition privater Sammler und Gelder in die aktuelle Kunstproduktion einherging. Hatte ein Teil der Avantgardegalerien der siebziger Jahre – besonders an der Peripherie der großen Kunstzentren, wie im Text von 1982 geschildert – das programmatische Ziel vertreten, eine nichtkommerzielle Form der Galerie, der die Zukunft gehöre, zumindest anzudeuten, so verwandelten sich viele derselben Galerien Anfang der achtziger Jahre binnen weniger Monate in zentrale Akteure des plötzlich aufsprießenden Markts für zeitgenössische Kunst.

Zu diesem Zeitpunkt trat auch eine Reihe neu gegründeter Galerien in Erscheinung. Die meisten Galerien, die heute Marktführer sind, wurden damals, um 1980/82, gegründet. Sie haben sich von Anfang an auf die radikale Wandlung der Sammelbereitschaft ab den frühen achtziger Jahren eingestellt und eine neuartige Form der Galeriearbeit eingeführt. Demgegenüber blieben die in kommerzielle Galerien umgewandelten Avantgardegalerien der siebziger Jahre in der zweiten Reihe, wie erfolgreich sie auch in finanzieller und künstlerischer Hinsicht bis heute sein mögen.

Es wäre selbstverständlich falsch, die Galeriegeschichte der siebziger Jahre ausschließlich auf die Informationsgalerien zuzuspitzen. Wie im Text von 1982 dargestellt, gab es vor allem in den dominierenden Kunstzentren dieser Zeit, in New York und in Köln/Düsseldorf, führende Galerien, die die Verbindung von weltweitem Handel und künstlerischer Innovation weiterführten und erneuerten, mit der Daniel-Henry Kahnweiler ab 1907 in Paris die Form der modernen

Galerie des 20. Jahrhunderts geprägt hatte, indem er Braque, Picasso und Juan Gris exklusiv ausstellte und verkaufte und ihnen mit dem finanziellen Erlös die Möglichkeit des Weiterarbeitens erlaubte. In den siebziger Jahren spielten die Galerie Leo Castelli in New York, jene von Heiner Friedrich in Köln/München/New York, von Michael Werner in Köln und von Konrad Fischer in Düsseldorf vergleichbare Rollen. Während des großen Umbruchs der achtziger Jahre spielten einige dieser Galerien mit ihrer langen Erfahrung und ihrem internationalen Netzwerk eine teilweise hegemoniale Rolle, was unter anderem dem breiten Erfolg der deutschen Gegenwartskunst in den USA zugrunde liegt.

Der Text von 1982 ist zugleich ein historisches Dokument, indem er aus der Situation heraus darauf hinweist, dass es in den siebziger Jahren mehrheitlich ein Selbstverständnis der unterschiedlichsten Institutionen der künstlerischen Avantgarde gab, dem zufolge die Nichtkommerzialität der Kunstvermittlung, gleich ob sie in Kunsthallen, Kunstvereinen oder Galerien stattfindet, ein notwendiges Gegenstück zur zunehmenden Nichtkommerzialität der Kunst bilden müsse.[1] Dieses Paradigma ist heute so gut wie vergessen. Zumindest von seiner Existenz zu wissen, kann jedoch helfen, die Möglichkeiten und Alternativen auf dem globalen Kunst- und Ausstellungsmarkt der 2000er Jahre abzuschätzen.

Ein wesentlicher Punkt meiner vor drei Jahrzehnten formulierten Kritik der Informationsgalerien der siebziger Jahre bestand darin, dass sie sich nicht dauerhaft mit einzelnen Künstlern verbanden, um deren Werdegang mitzutragen und ihnen damit ein dauerhaftes Arbeiten zu ermöglichen. Dieses Argument ist gegenwärtig wieder aktuell. Die Institutionen, die heute aus der Zirkulation der Kunst und der Künstler als solcher Kapital schlagen, sind nicht mehr die Galerien, sondern die Biennalen. Diese Zusammenhänge zählen zu den Paradoxa der Kunstentwicklung. Die nichtkommerziellen Galerien der siebziger Jahre, die bisweilen von einem exklusiven Buch- und Plattenhandel lebten, konnten junge oder auch wichtige Künstler bloß einmal ausstellen, ohne sich weiter mit ihnen zu verbinden. Keine Ausstellung bedeutete ein finanzielles Risiko, und ein Künstler nach dem anderen wurde durch die Räume der Informationsgalerien geschleust. Diese reine Zirkulation der Kunst, ohne Fokus auf Verkäufen und auf den Aufbau von Sammlungen, hat paradoxerweise die Zirkulation der zeitgenössischen Kunst vorweggenommen, die in der aktuellen Sphäre der globalisierten Biennalen stattfindet.

In den letzten dreißig Jahren haben sich die Galerien nochmals einschneidend verändert, stärker als die meisten anderen Institutionen der Kunstwelt. Ein Besucher, der um 1980 zum letzten Mal eine Galerie betreten hätte und jetzt erstmals wieder eine Galerie mit internationaler Ausstrahlung besuchen würde, hätte den Eindruck, er sei nicht mehr im gleichen Typ von Institution. Zwar gibt es weiterhin die ruhigen, geschmackvollen Ausstellungsräume, in die jedermann ohne Kaufzwang freien Eintritt hat, wodurch die private Galerie potentiell die demokratischste Institution der Kunstwelt bleibt. Zugleich ist in Galerien nach wie vor neue Kunst zu sehen, die per Definition hier ausgestellt wird, bevor sie in die großen Ausstellungen und in Museen gelangt. Nahezu unverändert sind auch die unsichtbaren kulturellen Schranken, die in Wirklichkeit eine nicht initiierte Öffentlichkeit davon abhalten, Galerien zu betreten. In den letzten Jahren haben einige Galerien eine Besucherfrequenz von mehr als tausend Besuchern pro Tag für die Eröffnungsausstellung ihrer neuen Räumlichkeiten bewusst inszeniert. Aber im Alltag wäre selbst die weltweit größte Galerie binnen weniger Stunden lahmgelegt, wenn sie auch nur annähernd die Besucherfrequenz wichtiger Museen ihrer eigenen Stadt erzielen würde.

Zentrale Momente der modernen Galerie, die Paul Durand-Ruel in den siebziger Jahren des 19. Jahrhunderts erfand, sind bis heute unverändert: die vergleichsweise wenigen Besucher in den Ausstellungsräumen trotz des potentiell freien Zugangs; die dadurch verstärkte Atmosphäre der Exklusivität; die Erfahrung des Besuchers, die aktuelle Arbeit des Künstlers zu entdecken; eine Nähe zu den Kunstwerken, die man in anderen Bereichen der Kunstwelt kaum antrifft; die Möglichkeit, das Werk, das man betrachtet, auch zu erwerben. Diese Verbindung unterschiedlicher Anziehungspunkte hat aus der Kunstgalerie – neben dem Atelier – einen mythischen und produktiven Ort der Kunstentwicklung des 20. Jahrhunderts gemacht.

Die internationalen Galerien des 21. Jahrhunderts haben diese Form einer offenen und zugleich geschützten Öffentlichkeit für neue Kunst in einem überraschenden Ausmaß bewahrt. Die Galerieausstellung in ausgewählten Räumen und mit ausgesuchten, neuen Werken spielt nach wie vor – gleichsam unverändert gegenüber den ersten Ausstellungen von Durand-Ruel nach 1871 – eine wichtige Rolle in der Ökonomie der Galerien.

Stark verändert hat sich die mediale Öffentlichkeit von Galerieausstellungen. Die Anzahl und die Ausführlichkeit der Besprechung von Galerieausstellungen in Tageszeitungen und Kunstzeitschriften haben nachdrücklich abgenommen. Um 1975 erreichten Galerieausstellungen in Kunstzeitschriften und der allgemeinen Kunstöffentlichkeit eine Aufmerksamkeit, die mit Ausstellungsereignissen in Kunstvereinen, oft sogar Kunsthallen und Museen mithielt. Galerieausstellungen lancierten meist die neuen Themen und neuen Künstler. Das ist heute kaum noch möglich, unter anderem deshalb, weil die in den letzten Jahrzehnten vervielfachten öffentlichen und musealen Institutionen die Aufmerksamkeit der Tagespresse in Anspruch nehmen. Diesen Ausfall machen die international tätigen Galerien dadurch wett, dass sie heute direkt mit der kunstinteressierten Öffentlichkeit kommunizieren, mit eigenen Kräften und Internetdiensten wie e-flux aus New York.

Die Galerie als der wesentliche Ort des Vertriebs aktueller Arbeiten der bildenden Künstler ist erst allmählich im Verlauf des 19. und 20. Jahrhunderts entstanden. Die Ablösung von den staatlichen und den privaten, im deutschsprachigen Raum in den ersten Kunstvereinen organisierten Auftragssystemen begann 1871, nach der Begegnung des jungen Händlers Paul Durand-Ruel mit Claude Monet im Londoner Exil während des deutsch-französischen Kriegs.

Diese freie, der neuen Kunst ihrer Zeit zugewandte Galerie, von Daniel-Henry Kahnweiler ab 1907 in Paris nochmals neu begründet, blieb jahrzehntelang minderheitlich im Kunstgeschehen selbst des 20. Jahrhunderts. Bis in die späten fünfziger Jahre erfüllten die freien, meist von Künstlern organisierten Ausstellungen der „Salons“, die regelmäßig in Paris, aber auch in den sekundären Kunstzentren dieser Zeit stattfanden, die Funktion von Verkaufsstellen für die aktuelle, besonders für die junge Kunst. Arrivierte Künstler wurden dann vom Kunsthandel übernommen. Erst in den vierziger und fünfziger Jahren in New York wurde die aktive Galerie für junge und aktuelle Kunst hegemonial, mit der Kootz Gallery und anschließend der Leo Castelli Gallery. Bereits Anfang der sechziger Jahre reimportierte der gebürtige Europäer Leo Castelli seine Künstler und sein

Galeriemodell nach Europa, über die Pariser Galerie seiner Ex-Frau Ileana Sonnabend und über das erste Galeriennetzwerk, das die gesamte westliche Hemisphäre umspannte und die weltumspannenden Galeriennetzwerke der Gegenwart vorwegnahm.[2] Dieses von New York aus die damals auf die westlichen Länder (Westeuropa und Nordamerika) beschränkte Szenerie der freien Kunst moderner Tradition beherrschende Imperium von Leo Castelli blieb bis in die frühen neunziger Jahre der mächtigste Faktor im Galeriebetrieb. Wie symbolträchtig die Gestalt von Leo Castelli in diesem Zeitraum war, ist an einem Zwischenfall bei der Ausstellung von Roy Lichtenstein in den Hamburger Deichtorhallen im Jahr 1995 erkennbar. Zur Eröffnung der Ausstellung war Leo Castelli, der den Künstler entdeckt hatte und seit mehr als dreißig Jahren vertrat, angereist. Eine feministische Künstlerin feuerte in seiner unmittelbaren Nähe einen Schreckschuss aus einer Pistole auf ihn ab. Die Augenzeugen der Begebenheit dachten an ein wirkliches Attentat und brachten den geschockten Leo Castelli bestürzt in Sicherheit.

Man kann in dieser Begebenheit eines der letzten Zeichen einer grundlegenden Spannung zwischen zwei Bereichen des westlichen Galeriegeschehens sehen, die besonders die sechziger und siebziger Jahre bestimmte. Auf der einen Seite erzielte die amerikanische Pop Art rund um die Galerie Leo Castelli ab 1964 Preise auf dem nationalen und internationalen Kunstmarkt, wie sie für aktuelle moderne Kunst zuvor nicht denkbar waren. Dass diese Preise sich seither, was die bekannten Künstler der Pop Art betrifft, um das Zehn- bis Fünfzigfache vermehrt haben, spricht nicht zuletzt für die gute Galeriearbeit nicht nur bei Castelli, sondern auch in seinen ersten Satellitengalerien. Auf der anderen Seite bildeten sich zunächst mit den neuen, performativen Kunstformen, dann mit der Minimal und Concept Art innovative Kunstformen aus, die nicht mehr wie die frühere Kunst verkäuflich schienen. Rund um sie entstanden neue Galerieideen, die in den späten sechziger und den siebziger Jahren mit den Konzeptkunstgalerien, den ersten Produzentengalerien und den Informationsgalerien in der europäischen Peripherie Gestalt annahmen. Zwischen beiden Lagern gab es grundsätzliche Differenzen. Gleichzeitig agierte man in entscheidenden Augenblicken gemeinsam. So etwa beim ersten „Kölner Kunstmarkt“ von 1967, der ersten internationalen Kunstmesse. Sie wurde als Versuch einer radikalen

Demokratisierung des Zugangs zur Kunst gestartet. Es ging darum, die kulturellen Schranken aufzuheben, die eine nichtinitiierte Öffentlichkeit davon abhalten, eine Galerie zeitgenössischer Kunst zu betreten und sich in ihr wohlzufühlen. Spätestens mit der Nachahmung der neuen Form einer jährlich am gleichen Ort abgehaltenen „Kunstmesse" durch die erste „Art Basel" von 1972 wurde genau diese als Demokratisierung der Kunst konzipierte Veranstaltungsform bereits in den siebziger und achtziger Jahren zu einem wesentlichen Vektor der Kommerzialisierung des Markts für neue und moderne Kunst. Mit Beginn des neuen Jahrhunderts wurden die weltweit stattfindenden Kunstmessen zum wesentlichen Verkaufsrahmen der Galerien, die damit nicht mehr auf ihren Ausstellungsraum als Präsentationsfläche beschränkt sind, sondern diesen vier bis sechs Mal pro Jahr – dies entspricht der Anzahl der nunmehr weltweit verteilten Kunstmessen, die internationale Galerien pro Jahr bestreiten – auf andere Kontinente und zu anderen Sammlerkreisen verlagern. Die Erinnerung daran, dass der erste „Kunstmarkt" in Köln 1967 aus einer Idee der Demokratisierung der Kunst und der Nichtkommerzialität entstand, ist nahezu verloren gegangen. Die Kunstmessen haben sich ebenso globalisiert wie die Biennalen und sind zu den wichtigsten öffentlichen Plattformen für die meisten Galerien geworden.

Sieht man wichtigen Galeristen heute bei der Arbeit zu, stellt man fest, dass sich die entscheidenden Parameter nicht wirklich verändert haben. Sie müssen auf der einen Seite Künstler, an denen ihnen viel liegt, überzeugen, weiterhin ihre neuen Werke über die Galerie zu verkaufen, und andererseits Käufer für diese Werke finden. Wer das seit zwanzig oder mehr Jahren auf hohem Niveau macht, betreibt das gleichsam routiniert, zugleich aber als aufreibendes Geschäft, weil die Galerie spätestens seit den 2000er Jahren auf mehreren Kontinenten gleichzeitig präsent sein muss und der betreffende Galerist und die betreffende Galeristin damit ständig auf Achse oder im Flugzeug sind. Galeristen, denen es gelingt, das in Realzeit global gewordene Spiel von Angebot und Nachfrage für ihre international gehandelten Künstler bloß aus ihrer eigenen Stadt zu steuern, z.B. von New York aus, das nach wie vor das Zentrum der Kunstwelt bildet, kann man an einer Hand abzählen.

Neben diesen international tätigen, auf den Kunstmessen weltweit präsenten Galerien mit bekanntem Namen haben sich in den neunziger und 2000er Jahren die von Künstlern betriebenen Räume, Projekträume und Off-Spaces ebenfalls gleichsam rund um die Welt ausgebreitet. Damit hat sich zum einen die Dichotomie zwischen der kommerziellen Sphäre und einer - nur beschränkt - nichtkommerziellen Sphäre wiederhergestellt. Zum Zweiten werden in dieser alternativen Szene, die durch das Internet ebenso weltweit verbunden ist wie die Galerienszene, neue Betriebs- und Vertriebsformen erprobt, die für die weitere Entwicklung des Kunstbetriebs, für die Vermittlung von Kunst an die Öffentlichkeit und für die Ermöglichung einer fortgesetzten künstlerischen Arbeit für die Beteiligten eine wichtige Rolle spielen können.

Weshalb wäre ein Galeriebesucher, der 1980 zum letzten Mal eine Galerie betreten hätte, heute über das Geschehen in einer Galerie überrascht? Wenn man ihm das Back-Office in einer international tätigen Galerie zeigt, jene 15 bis 25 Kunsthistoriker/Innen, die hinter den Ausstellungsräumen den ganzen Tag über mit den Sammlern in Kontakt stehen. Mit der kontinuierlichen Umstellung auf die neuen Bedingungen globalisierter Kommunikation und einer globalisierten Sammlerszene haben sich die ohne großes Back-Office international tätigen Galerien Fähigkeiten bewahrt bzw. erneuert, die seit der Erfindung des modernen Galerientyps den Erfolg dieser privatwirtschaftlichen, zugleich aber auch auf die Kunstöffentlichkeit ausgerichteten Institutionsform ausmachen. Sie bieten Künstlern wie Kunstinteressierten weiterhin eine geschützte Öffentlichkeit, durch ihre vergleichsweise stark ausgebildete Diskretion gegenüber dem öffentlichen Raum und durch die enge Beziehung zum eingeweihten Publikum. In zweiter Linie haben sie sich in der Phase der Globalisierung des Kunstbetriebs die Fähigkeit bewahrt, die ersten Ausstellungen neuer Künstler und die ersten Ausstellungen der neuen Werke bereits als bedeutend anerkannter Künstler zu veranstalten, vor den Museen, Kunsthallen und anderen Ausstellungsinstitutionen. Damit haben sie sich in betriebswirtschaftlicher Hinsicht auch das Vorkaufsrecht auf die wichtigen neuen Arbeiten bewahrt, was angesichts der Umwälzungen im Kunstgeschehen durch die Globalisierung alles andere als selbstverständlich war.

Die Künstler mit hohem internationalem Marktwert stellen ihre neuen Werkreihen fast ohne Ausnahme weiterhin zuerst in einer ihrer Galerien aus, an einem zentralen Ort des Kunstgeschehens, bevor sie auch zu ihrer Ausstellung in Kunsthallen und Museen zustimmen. Andererseits wissen die angehenden Künstler, dass nach wie vor die Galerie die wesentliche Möglichkeit für einen jüngeren Künstler ist, eine Kontinuität in die eigene Arbeit, ihre Veröffentlichung und in die Idee zu bringen, von der eigenen Kunst leben zu können. Das beseitigt nicht den Umstand, dass die meisten Künstler ein ambivalentes Verhältnis zu ihren Galeristen haben. Als Fazit bleibt jedoch bestehen, dass die Galerien im turbulenten Umwandlungsprozess der letzten Jahre die Initiative der ersten Ausstellung der wichtigen Werkreihen wichtiger Künstler bewahrt und damit sowohl gegenüber den Museen als auch gegenüber den privaten Sammlern immer die Nase vorne haben.

Welche Kräfte wirken derzeit auf die Galerien als geschützte Öffentlichkeit ein, die den Künstlern besonders nahestehen und zugleich aus dem kontinuierlichen privatwirtschaftlichen Verkauf aktueller Kunst die Mittel für ihren institutionellen Fortbestand beziehen müssen? Die wichtigste zentrifugale Kraft für die Galerien war in den letzten fünfzehn Jahren die Auswirkung des Internets auf die Sammlerszene. Das Internet ermöglicht jedem Sammler, weltweit in Realzeit auf dem Laufenden zu sein, wenn ein Werk eines Künstlers erwerbbar ist, für den er sich interessiert. Dadurch entstand unter Sammlern eine hoch konkurrenzielle Situation, die dadurch angeheizt wurde, dass unzählige neue Sammler aus den Schwellenländern das insgesamt eingesetzte Kapitalvolumen multiplizierten. Dieser Vorgang hat die rasch gestiegenen Preise bei international präsenten Künstlern verursacht. Er hat die Galerien gezwungen, bezüglich ihrer international präsenten Künstler nahezu ohne Unterbrechung weltweit zu kommunizieren.

Daraus erklärt sich das Phänomen der großen Back-Offices in vielen Galerien. In jeder international tätigen Galerie ist die Aufgabe zur Priorität jedes Arbeitstages geworden, den Kontakt mit den kapitalkräftigen Sammlern rund um den Globus zu halten. Damit geht das Phänomen der Galerien einher, die rund um den Globus Filialen eröffnen oder große, Kunsthallen entsprechende Räume in der Nähe internationaler Flughäfen. Die Kunstsammler, die für eine Ausstellung mit Privatflugzeugen anreisen und nur diese kurze Zeitspanne vor Ort verbringen, sind gleichfalls erst in den letzten Jahren in Erscheinung getreten. Diese heute weltweit verstreuten, kapitalkräftigen und per Internet in Realzeit informierten Sammler wollen rund um die Uhr bedient sein. Dafür gibt es das kostspielige Back-Office in allen international tätigen Galerien.

Die Zersplitterung der Wohnorte der Sammler, die jetzt aus den unterschiedlichsten Regionen kommen, aber durch das Internet copräsent sind, bedeutet die erste zentrifugale Kraft in der Galerienszene. Die zweite zentrifugale Kraft, die auf die Galerienlandschaft einwirkt, kommt darin zum Ausdruck, dass die internationalen Galerien seit Mitte der neunziger Jahre delokalisiert wurden. Von drei internationalen Kunstmessen ist die Entwicklung in kurzer Zeit zu zwanzig wichtigen Kunstmessen fortgeschritten, die jede für sich einen wichtigen, erfolgversprechenden und heute oft besonders zahlungskräftigen Markt erschließen. Fünf Messen pro Jahr zu bestreiten, zwischen Basel, Miami, London oder Paris, Singapur und Dubai, ist für fast jede international tätige Galerie zum absoluten Muss geworden. Anders kommt man nicht mehr über die Runden, kann nicht mehr den Rang der Künstler wahren und für Sammler wie neue Künstler zugkräftig bleiben. Wer jemals in einer Galerie die Vorbereitungen für eine Kunstmesse erlebte, weiß, dass dabei jedes Mal die halbe Truppe auf Reise geht und alle wirklich gestresst sind. Kontakte sind dabei ebenso wichtig wie Verkäufe.

Die Vervielfachung der wichtigen Kunstmessen besonders in Lateinamerika (das erklärt den Aufstieg der Kunstmesse in Miami zum zweitwichtigsten Ereignis auf dem Kunstmarkt), Südostasien und dem Mittleren Osten zwingt die international tätigen Galerien dazu, sich rund ums Jahr ständig zu delokalisieren. Die Kraft der Sammler aus den neuen Märkten ist bereits seit den 2000er Jahren so groß, dass so gut wie alle international tätigen Galerien Künstler in ihr Galerieprogramm aufgenommen haben, die aus den betreffenden Großräumen stammen und deren Werke sich bei den entsprechenden Kunstmessen an die regional ansässigen Sammler gut verkaufen lassen.

Mittelfristig könnte durchaus die wirtschaftswissenschaftliche Regel greifen, dass die Arbeit dahin geht, wo sich das Geld befindet. Der Kunsthandel ist traditionell der geldabhängigste Bereich der Kunstszene. Für diesen Bereich könnte die Kapitalakkumulation in den Schwellenländern durchaus bedeuten, dass es die kommenden fünfzehn Jahre eine Verlagerung der geographischen Schwerpunkte der Galerien gibt. Derzeit sind New York, London, Paris und Berlin mehr oder weniger florierende Standorte des Kunsthandels. Das Geld kommt aber bereits aus den Schwellenländern.

Ein kurzer Rückblick: Keiner der frühen Galeristen und Kunsthändler der Moderne hat eine solche Entwicklung erahnt, geschweige denn sich gewünscht. Kahnweiler, der sich in Paris ab 1907 mit drei jungen, unbekannten Künstlern einließ, Braque, Picasso und Juan Gris, und damals drei private, drei treue Sammler gewann, in Nordfrankreich, der Schweiz und dem zaristischen Russland, ging bis zuletzt (in den frühen siebziger Jahren) in die Galerie, um seine Künstler gegen alle Widerstände durchzusetzen. Dagegen ist der Umstand, dass das Geld für die Kunstkäufe in den international tätigen Galerien nicht mehr mehrheitlich aus der westlichen Hemisphäre, sondern aus den Schwellenländern kommt, die zweite zentrifugale Kraft in der internationalen Galerienszene der 2000er Jahre.

Die dritte zentrifugale Kraft besteht derzeit darin, sich durch ein regional, kulturell und historisch vielfältig gestaltetes Programm gegen Risiken abzusichern. Die international tätigen Galerien haben zur Absicherung ihres Umsatzes auf den Kunstmessen in den Schwellenländern lokale und regionale Künstler in ihr Programm aufgenommen, die sich vor Ort nicht nur gut verkaufen, sondern mit deren Promotion in diesen halbdemokratischen Gesellschaften sie auch ihre Bekanntheit bei den an Kunst interessierten Kreisen erhöhen.

Die vierte zentrifugale Kraft, die derzeit auf die Galerien einwirkt, besteht darin, dass sie die ständige internationale Präsenz ihrer wichtigen Künstler logistisch und personell begleiten müssen. In Antwort auf diese ungelösten Fragen haben sich seit Mitte der neunziger Jahre Netzwerke von Galerien ausgebildet wie jenes von Hauser & Wirth & Zwirner, dann der persönliche, globalisierte Betrieb von Larry Gagosian und die großen, aber überschaubar gebliebenen Galerien von Monika Sprüth und Thaddäus Ropac. In allen diesen Häusern stellt man weiterhin auf Schritt und Tritt fest, dass es um die Künstler geht (nicht zuletzt auch, weil die Künstler und ihre Werke Monat für Monat das Überleben der Galerien sicherstellen). In dieser Hinsicht hält die neuartige Allianz, die Paul Durand-Ruel zunächst mit Claude Monet im Londoner Exil und dann mit den anderen Impressionisten schloss, bis heute im Kunstleben stand.

Die Künstler und die Galeristen sind, wenn die Zusammenarbeit gut läuft, weiterhin enge Partner.

Die Kunstsammler

„Die Wände in unserem Einfamilienhaus waren mit Kunst ausgestattet. Da haben wir uns die Frage gestellt: Sollen wir jetzt weiter Kunst kaufen?“ Die daraufhin entstandene Kollektion ist seit Mitte der 2000er Jahre eine wichtige Privatsammlung in Deutschland. Für zwei deutsche Museen und für etwa zehn Künstler, die nicht zuletzt dank dieser Sammler ein Auskommen und eine internationale Sichtbarkeit haben, ist die Sammlung nachdrücklich bedeutend. Die aus Eigenmitteln eines mittleren Unternehmens bestrittene Kollektion hat für die Künstler, die sie unterstützt, die museale Präsenz sichergestellt. Das bescheiden auftretende Sammlerpaar, dessen anfängliche Entscheidung darin bestand, nach der Dekoration ihres Einfamilienhauses weiterhin Kunst zu erwerben, stellt in Kooperation mit den Künstlern, für die es sich interessiert, ganze Räume mit unterschiedlichen Arbeiten zusammen, die anschließend als Dauerleihgabe an öffentliche Museen gehen. Dort sind sie Teil der Schausammlung, ohne allerdings dem Museum zu gehören. Aus diesem Eigentumsverhältnis leitet sich der Umstand ab, dass die Sammler ihre Werke auch wieder zurückziehen und anderswo platzieren können. Die damit einhergehende Verschiebung des Verhältnisses von privaten und öffentlichen Sammlungen ist einer der wesentlichsten Vorgänge in der Kunstszene der Gegenwart.

In jenen Teilen Europas, in denen die Kunstmuseen von Seiten der öffentlichen Hand kurzgehalten werden, haben private Sammlungen im ersten Jahrzehnt des neuen Jahrhunderts eine zusätzliche Macht gewonnen, die ihnen gleichsam kampflos zufiel. Während man die Museen und Kunsthallen in die wirtschaftliche Selbständigkeit entließ und ihnen weniger als die Hälfte ihres Haushalts als staatlicher Zuschuss zur Verfügung steht, erzielten private Investoren auf den

Finanzmärkten wie auf dem Kunstmarkt so hohe Gewinne wie zuletzt nur in der Gründerzeit der zweiten Hälfte des 19. Jahrhunderts. Damit hat sich das Machtverhältnis zwischen privaten Sammlungen und öffentlichen Museen nachdrücklich verschoben.

Mit der Reduktion der Ankaufsbudgets der öffentlich-rechtlichen Kunstmuseen verschwanden diese – im Gegensatz zur Situation seit den sechziger Jahren – als Mitbieter im hochpreisigen Segment des Kunstmarkts. Die Museen wurden in die Nische kaufwilliger Institutionen gedrängt, die selbst mittlere Marktpreise so gut wie nicht mehr bezahlen können, Erwerbungen nur noch durch Preisnachlässe oder Schenkungen von Seiten der Künstler, der Galerien und der privaten Sammler realisieren können und notfalls auf Leihgaben für die Sammlung ausweichen müssen. Besonders die deutschen Museen moderner und zeitgenössischer Kunst sind mit wenigen Ausnahmen dazu übergegangen, die Schausammlungen aus sogenannten „Dauerleihgaben“ privater Sammlungen zu bestücken. Das Wort „Dauerleihgabe“ ist allerdings widersprüchlich, da es sich nur um längerfristige Leihgaben handelt. Die Dauerhaftigkeit im Sinne der grundlegenden Prinzipien des europäischen Kunstmuseums, die wichtigsten Kunstwerke einer Epoche für immer zu bewahren und der Öffentlichkeit zugänglich zu machen, ist in diesem Fall nicht gewährleistet und wird vom Museum sogar gleichsam aufgegeben. Die Situation unterscheidet sich von einem Land zum anderen. Sie ist zwischen den Niederlanden, Belgien, Frankreich und Deutschland beispielsweise kaum vergleichbar. Gleichwohl wurden die öffentlichen Ankaufsbudgets überall reduziert, wodurch sich die Rolle der privaten Sammler im gleichen Maße aufgewertet fand.

Zugleich gab es auf allen Kontinenten, besonders in den Schwellenländern mit ihrer spektakulären Akkumulation des Kapitals, eine deutliche Zunahme der Einkünfte in den hohen Einkommensbereichen. Damit drangen mehr disponible Geldsummen für Kunstkäufe auf den Markt, als sie im 20. Jahrhundert für moderne und zeitgenössische Kunst bereitstanden. Anders als während der Industrialisierung im 19. und frühen 20. Jahrhundert wird ein großer Teil dieses disponiblen Kapitals nicht in Produktionsmittel, sondern auf den Kapitalmärkten reinvestiert. Der Aktien- und der Kunstmarkt sind seit vierzig Jahren jene Bereiche, die bei genügend guter Auswahl der angekauften Positionen die höchsten Renditen erbringen.

Sammler, die aus diesem Kapitalmarkt kommen, treten heute im künstlerischen Bereich mit Geldsummen auf, die kaum ein Kunstsammler in der Epoche der klassischen Moderne hinter sich vereinte. Eine Ausnahme bildet die Familie Rockefeller, die ab 1929 jahrzehntelang das Museum of Modern Art in New York finanzierte. Um im Bild zu bleiben, gibt es seit den 2000er Jahren mehrere Dutzend finanziell vergleichbar ausgestattete Sammlerfamilien, die global und regional vorgehen und eine ähnliche Rolle spielen wie die Rockefellers im Museum of Modern Art. Die Rolle dieser Großsammler-Generation ist allerdings im neuen Jahrhundert weit aktiver angelegt. Angesichts leerer öffentlicher Kassen und schrumpfender Ankaufsbudgets der öffentlichen Museen hat nicht nur der Stellenwert der privaten Sammler zugenommen. Sie bleiben im hochpreisigen Segment des Kunstmarkts gleichsam unter sich. Ein Sammler, der wichtige Künstler der Gegenwart erkennt und mehrere hunderttausend oder eine Million Euro pro Jahr einzusetzen vermag, kann heute – in Abstimmung mit den Künstlern und ihren Galerien – direkten Einfluss darauf ausüben, was in den Schausammlungen der öffentlichen Museen gezeigt wird. Für die Gründungsväter der Museen alter und moderner Kunst im 19. und 20. Jahrhundert wäre dies eine Schreckensvorstellung gewesen.

Besonders in Deutschland könnten die meisten öffentlichen Museen ohne geliehene Kunstwerke aber keine präsentable Schausammlung moderner und zeitgenössischer Kunst mehr vorweisen. Diese von vielen Kulturpolitikern aktiv geförderte Entwicklung hat einen perversen Nebeneffekt. Während der Sammler einen Teil seiner Sammlung in einem öffentlichen Museum „parkt", bezahlt er weder Lagerkosten noch Versicherungsprämien für seine Kunstwerke. Die öffentliche Hand finanziert den Unterhalt, die Versicherung und die wissenschaftliche Aufarbeitung der geliehenen Kunstwerke aus Steuergeldern. An einer mittleren deutschen Kunsthalle beispielsweise bringt die Stadt aus dem öffentlichen Haushalt pro Jahr 150.000 Euro pro Jahr für die Konservierung einer privaten Dauerleihgabe auf, die nur einen Teil der betreffenden Sammlung umfasst und damit kaum in Ausstellungen verwendet werden kann. Laut Leihvertrag hat der Sammler überdies das Recht, aus seinem im Museum bewahrten Bestand jegliches Werk zu jeglichem Zeitpunkt auf eigene Rechnung zu verkaufen. Während die betreffende Stadt für die Lagerung,

Versicherung und wissenschaftliche Aufarbeitung dieser privaten Dauerleihgabe Jahr für Jahr eine Summe aufwendet, die dem bereits lächerlich kleinen Ankaufsbudget ihrer städtischen Museen abgezogen wird, kommt der Wertezuwachs des Sammlungsbestandes allein dem privaten Sammler als dem Eigentümer der Kunstwerke zugute. Während die Stadt in zehn Jahren nicht weniger als 1,5 Millionen Euro für die Versicherung und Konservierung der Dauerleihgabe ausgibt, erhöht sich der Marktwert der wichtigen Kunstwerke der Sammlung um 100 bis 500 Prozent, ohne dass der private Sammler den von der öffentlichen Hand aus Steuergeldern eingesetzten Betrag aus seinem Kapitalzuwachs zurückerstatten müsste. Zudem können viele Sammler nach zehn Jahren einer solcher „Dauerleihgabe" an ein öffentliches Museum auch noch den ursprünglichen Ankaufspreis von der Steuer abschreiben. Ein bekannter deutscher Kunstsammler hat mir diesen Mechanismus bereits im Jahr 2003 erläutert. Er fügte ohne Zynismus hinzu: „Wenn ich eine teure Arbeit kaufe, ab 300.000 Euro, verdiene ich damit nach zehn Jahren sogar noch Geld."

Diese Situation ist besonders häufig in Deutschland anzutreffen, wo die finanziellen Folgen der Wiedervereinigung die Ankaufsbudgets der meisten Museen schmelzen ließen. Abkommen mit privaten Sammlern sind zu einer Überlebensfrage für viele Museen geworden, die eine überregionale und internationale Rolle spielen wollen. Nur wenige Museumsdirektoren haben den mutigen Weg beschritten, ihre Häuser von „Dauerleihgaben" zu befreien, die nicht zumindest als künftige Stiftungen dem Haus versprochen sind.

Andere europäische Länder haben diesen Prozess etwas anders gesteuert. In der Schweiz gibt es schon seit mehreren Jahrzehnten ein Neben- und Miteinander der öffentlichen Museen, großen Sammlerfamilien und neuen finanzstarken privaten Institutionen wie dem „Schaulager" und der „Fondation Beyeler" in Basel. In Frankreich blieben die öffentlichen Ankaufsbudgets hoch, und man stärkte das Vorkaufsrecht der staatlichen Museen bei Auktionen und bei Erbschaften nach dem Tod bedeutender Künstler. Das Ergebnis ist allerdings zwiespältig. Bedeutende Kunstwerke verlassen auf unterschiedlichen Wegen das Land, bevor sie verkauft werden. Zugleich haben sich die beiden finanzkräftigsten Unternehmer des Landes, Bernard Arnault und François Pinault, bewusst zu Herausforderern der staatlichen Museen wie dem Centre Georges Pompidou in Paris aufgeschwungen. Auf dem internationalen Finanzmarkt erwarben sie zunächst Mehrheitsbeteiligungen bei führenden Auktionshäusern (Pinault bei „Christie's", Arnault bei „Phillips"). Dann bauten sie über diese Kanäle die ambitioniertesten Sammlungen aktueller Kunst in Europa auf. In einem dritten Schritt initiierten sie spektakuläre Museumsbauten, François Pinault seit 2007 in Venedig und Bernard Arnault ab 2014 in Paris. Obgleich die Ankaufsbudgets der öffentlichen Museen hochgehalten wurden, haben sich auch in Frankreich die Machtverhältnisse zwischen privaten Sammlern und öffentlichen Museen in den ersten Jahren des 21. Jahrhunderts verschoben.

Die Anzahl der mittleren und größeren Sammler, die zeitgenössische Kunst um mehrere hunderttausend Euro oder mehr pro Jahr erwerben, nahm in den letzten fünfzehn Jahren deutlich zu. In diesem Rahmen traten auch frühe Zentren der klassischen Moderne erneut in Erscheinung. Das gilt für Russland und die Ukraine, die vor der Oktoberrevolution von 1917 durch visionäre Sammler eine führende Rolle in der Entwicklung der modernen Kunst des 20. Jahrhunderts spielten. Es gilt auch für weite Teile Lateinamerikas, wo ebenso wie in den USA während des Ersten Weltkriegs eine florierende Sammlerszene zugunsten der frühen Moderne entstanden war.

Diese Regionen knüpfen mit ihren Großsammlern der Gegenwart an eine frühere Verbindung mit der Moderne an, die sich auch in den Museumssammlungen der betreffenden Länder widerspiegelt. Eine der drei originären Sammlungen des Kubismus und die besten frühen Werke von Henri Matisse befinden sich seit den Jahren vor 1914 in russischen Museen. Das Kunstmuseum von São Paulo bewahrt die umwerfende Sammlung der Pariser Galerien- und Sammlerdynastie Wildenstein an Kunst des 19. und 20. Jahrhunderts. Schon 1917 hatte Marcel Duchamp in einem Brief aus Argentinien geschrieben, es gebe viel Geld und ein Interesse an Kunst. Hier könne man moderne Kunst verkaufen.

Vor diesem Hintergrund erscheint die Rückkehr von wichtigen Privatsammlern aus diesen Regionen auf den aktuellen Kunstmarkt als vergleichsweise natürliche Angelegenheit, weil es in den betreffenden Ländern fassbare Traditionen der modernen Kunst gibt. Zugleich könnte die Struktur der neuen Sammlungen in Russland und Lateinamerika kaum unterschiedlicher sein. Auf lateinamerikanischer Seite stehen jahrzehntelang kontinuierlich gewachsene Mittel mit ebenso langen Traditionen, die Künstler des eigenen Subkontinents zu unterstützen, dem neuen Reichtum der neuen Großsammler aus Osteuropa gegenüber, deren finanzielle Möglichkeiten aus der post-revolutionären Situation nach dem Sturz des Kommunismus stammen. Während die neuen Sammler aus Russland und aus anderen post-kommunistischen Ländern insgesamt mit deutlicher Gewinnabsicht sehr international einkaufen, gelang es den Sammlern aus Lateinamerika über mehrere Jahrzehnte hinweg, die Entwicklung der modernen Kunst auf dem Subkontinent solcherart zu dokumentieren, dass die Wiederentdeckung der lateinamerikanischen Moderne zu einem der wesentlichen Phänomene der letzten zehn Jahre in den großen internationalen Museen wurde.

Die neue Geographie des Kunstsammelns ist aber vor allem von neuen Regionen geprägt, die zuvor noch niemals seit der Entstehung des modernen Kunstmarkts auf diesem anzutreffen waren. Dazu zählen die Sammler aus China, Südostasien, dem Mittleren Osten und vom indischen Subkontinent. Die Hochkonjunktur des Kunstmarkts im abgelaufenen Jahrzehnt wurde wesentlich von ihnen getragen. In diesen Regionen gibt es mit Ausnahme von Japan, Südkorea und Taiwan so gut wie keine international vernetzten öffentlichen Museen, sondern nur private Institutionen auf der einen Seite und staatsoffizielle Sammlungen auf der anderen Seite. Die Kunstsammler und ihre privaten Museen tragen deshalb gleichsam alleine die dynamische Kunstszene dieser Länder. Sie sind davon motiviert, die neue Wohlhabenheit der Schwellenländer durch ein kulturelles Fundament abzusichern, wie es amerikanische Industriellenfamilien in der ersten Hälfte des 20. Jahrhunderts durch die Gründung der großen Kunstmuseen der USA taten.

Während in Europa und Nordamerika immer weniger öffentliche Mittel für die Museen zur Verfügung stehen und man sich davor hütet, neue Institutionen mit hohen Folgekosten zu eröffnen, werden in diesen Teilen der Welt derzeit zahlreiche hochambitionierte Museen für zeitgenössische Kunst errichtet. Nach den beiden ersten Gründungswellen im Museumsbereich im 19. Jahrhundert in Europa und in der ersten Hälfte des 20. Jahrhunderts in den USA entstehen die großen Museen des 21. Jahrhunderts – nach Japan – derzeit in Südkorea, Taiwan, Festlandchina, Singapur und dem Mittleren Osten. Indien mit seiner florierenden Szene an Kunstsammlern wird diesem Prozess wohl folgen. Private Kunstsammlungen spielen bei dieser Entwicklung eine noch größere Rolle als derzeit in Europa.

Der Stellenwert der Sammler hat in den letzten Jahrzehnten nachhaltig zugenommen. In der Aufmerksamkeit der Künstler und ihrer Galeristen haben die Sammler den Museumsdirektoren und Museumskustoden den Rang abgelaufen, weil sich in den meisten Museen der westlichen Hemisphäre nur noch wenige Ausstellungen, Ankäufe und museumspädagogische Programme ohne eine mehr oder weniger diskrete Mitfinanzierung von privater Seite verwirklichen lassen. In den Hochpreissegmenten des Kunstmarkts sind private Sammler bereits seit Jahren unter sich. In gewisser Weise wurde damit die Rolle des Sammlers und Mäzens restauriert, wie sie vor der Erfindung des öffentlichen Museums in der Aufklärung und vor der Öffnung der fürstlichen Sammlungen für das allgemeine Publikum im 19. Jahrhundert bestand.

Bis zum Ende der achtziger Jahre war die Szene der Sammler zeitgenössischer Kunst auf Westeuropa, die USA und Japan beschränkt. Heute handelt es sich um ein weltumspannendes Netz, wodurch sich die Bedingungen des Kunsterwerbs grundlegend verändert haben. Die Ubiquität der Informationsmedien ermöglicht es jedem Sammler, die Verfügbarkeit von Werken der Künstler, für die er sich interessiert, weltweit zu beobachten. Das hat die Konkurrenz um die Werke der Künstler, die über eine internationale Sichtbarkeit verfügen, globalisiert. Da sich weit mehr kaufwillige Akteure auf dem Markt befinden als vor zwanzig oder dreißig Jahren, erhöhten sich die Preise für zeitgenössische Kunst mit internationaler Präsenz um das Drei- bis Siebenfache. Ambitionierte Sammler aus Europa berichten, das Problem sei für sie weniger, Kunstwerke bezahlen zu können, als vielmehr, den Zuschlag für wichtige Arbeiten angesichts der globalisierten Konkurrenz zu erhalten.

Vor diesem Hintergrund hat das soziale Prestige des jeweiligen Sammlers ebenso zugenommen wie sein Bemühen um Selbstdarstellung. Dazu zählen auch die vielen neuen Schauräume und privaten Museen von Sammlern in Europa, in denen die angekauften Werke gegenüber einer ausgewählten oder einer breiten Öffentlichkeit valorisiert werden.

Die Situation ist im Einzelnen höchst differenziert. Die Seriosität einer Sammlung und die Langfristigkeit des Engagements sind zentrale Kriterien für die Überlegungen von Künstlern und Galerien, auf dieses oder jenes Interesse von Sammlern einzugehen.

Die besondere konkurrenzielle Situation unter Sammlern auf dem Kunstmarkt der letzten Jahre ist eine Erklärung dafür, dass viele Sammler eine aktive Kooperation mit den Künstlern suchen, für die sie sich interessieren. Es gibt den Fall eines Fotokünstlers, dem ein Sammler, vertraglich geregelt, jeweils zu Jahresbeginn einen großen Teil der Produktionsmittel für die nächsten zwölf Monate vorstreckt, wofür er durch mehrere der damit entstandenen Kunstwerke entschädigt wird. Solcherart auf die Werke des Künstlers noch vor ihrer Entstehung zu setzen enthebt den Sammler der Konkurrenz auf dem internationalen Kunstmarkt um die Werke des betreffenden Künstlers, der andererseits dank dieser Produktionsmittel frei arbeiten kann. Andere Sammler überlegen sich regelmäßig, welcher Künstler ihrer Sammlung in nächster Zeit nachdrückliche Hilfe benötigt, was seine öffentliche Präsenz betrifft, und organisieren diese in Zusammenarbeit mit ihm durch Ankäufe, Leihgaben an Museen und Ausstellungen in den eigenen Schauräumen. Andere Sammler wiederum vergeben Auftragswerke an junge, unkonventionelle Künstler und bauen auf diese Weise thematische Sammlungen auf, die auf Grund ihres innovativen Charakters von Museumsleuten und Ausstellungsmachern angefragt werden.

Für junge Künstler waren die dauerhaft auf sie vertrauenden Sammler immer die wichtigsten Faktoren ihrer eigenen Ökonomie. Wer drei oder vier Sammler hat, die regelmäßig vorbeikommen, kann als freier Künstler überleben. Unterhalb der Ebene der Großsammler gibt es in jedem Land mehrere tausend Sammler, die mit beschränkten Mitteln immer wieder Werke der Künstler erwerben, an die sie glauben. Diese Primärkäufer bilden nach wie vor das Fundament der Kunstwelt. Ohne ein gezielt aufgebautes Umfeld von kleinen, mittleren und – möglichst auch – größeren Unterstützern dieser Art kann auch in der Gegenwart kein dauerhaftes Werk entstehen.

Die Figur des Künstlers

„I don't believe in art. I believe in the artist."
Marcel Duchamp[1]

Anlässlich der Ausstellung von Georg Baselitz in der Wiener „Albertina" im Jänner 2007 gab es einen Voreröffnungs-Abend, an dem der Direktor des Museums einer Gruppe von Bankdirektoren gegenüberstand, in der sich auch der Finanzminister von Rumänien befand. Der Museumsdirektor sprach ein paar Begrüßungsworte in ein Handmikrophon und gab es weiter an Georg Baselitz, der sichtlich nicht recht auf diese Szene vorbereitet war.

Vor den Bankern in schwarzen Anzügen sprach der Künstler einige Sätze, die scheinbar nichts mit der Ausstellung zu tun hatten: „Ich bin beeindruckt, vor so vielen Bankern zu stehen und einem Finanzminister. Ich bewundere Sie. Denn Sie machen Geld aus Geld!" Die Worte wurden vor der Finanzkrise im Herbst 2008 gesprochen und würden heute anders interpretiert werden. In dieser Situation dienten sie aber dazu, unmerklich eine Hierarchie zwischen dem Künstler und den Bankern zu schaffen. Die Bankleute fühlten sich geschmeichelt, aber es war der Künstler, der sie geadelt hatte und damit über ihnen stand.

Nach einer kurzen Pause fuhr Baselitz fort: „Die Künstler sind aber noch besser. Denn wir machen Geld aus *nichts*. Und wenn wir damit genug Geld verdient haben, kaufen wir uns andere Kunst, denn das ist die beste Geldanlage."

Die Aussage mag prätentiös erscheinen oder übertrieben. Doch sie beschreibt zum einen eine wirkliche ökonomische Tatsache bei Künstlern, deren Werk heute international gehandelt wird, wie auch die weiterhin bestehende Sonderstellung des künstlerischen Schaffens bei der Produktion von Gütern und Werten. Sie bringt zum anderen die gewandelte Rolle der Künstler in der zeitgenössischen Welt zum Ausdruck. Deshalb ist sie für unsere Frage interessant, wie sich die Figur des Künstlers in der neuen Welt des 21. Jahrhunderts ausnimmt.

Es geht nicht darum, dass Georg Baselitz vor Bankern offen davon sprach, dass er mit seiner Kunst recht viel Geld verdient, obgleich in dieser Aussage ein unverkrampftes Verhältnis zum Ausdruck kommt, das in den sechziger und siebziger Jahren undenkbar war – abgesehen davon, dass es für ihn eine bloße Utopie bedeutet hätte, da er vor 1980 seine Familie kaum mit seiner Kunst ernähren konnte. Zur Beurteilung der strukturellen Verschiebungen, die rund um die Figur des Künstlers stattfinden, ist an der Episode festzuhalten, dass Baselitz, trotz des improvisierten Charakters seiner kurzen Ansprache, in gleichsam selbstverständlicher Weise die Künstler seiner Zeit an der Spitze der gesellschaftlichen Pyramide ansiedelte, was die Sinngebung, den erfinderischen Geist und die soziale Rolle der Künstler in der Gegenwart betrifft.

Wie gestaltet sich das soziale Rollenbild des Künstlers im frühen 21. Jahrhundert und im institutionellen Gefüge der Kunst? Wir haben in früheren Kapiteln die Globalisierung der Ausstellungen und des Kunstmarkts betrachtet, das Aufkommen dutzender mächtiger Privatsammler, die galerie- und museumsähnlich vorgehen, sowie die Veränderungen im Galerien- und Museumswesen. Müssen die Künstler nicht gegenüber solchen Mächten und Institutionen unweigerlich zu mehr oder weniger abhängigen Zulieferern verkommen? Erleben wir unter dem Druck der globalisierten und zu einer mächtigen Sphäre angeschwollenen Kunstwelt den Untergang des (mehr oder weniger) autonomen, im Wortsinne freischaffenden Künstlers, der mit der bürgerlichen Gesellschaft entstanden war?

In Wirklichkeit ist wohl eher das Gegenteil der Fall. Wohl alle Künstler, deren Werke international gehandelt werden, haben im Verlauf der letzten Jahrzehnte die Erfahrung gemacht, dass ihre soziale Bedeutung in den letzten dreißig Jahren eher zu- und nicht abgenommen hat. Das gilt auch für das soziale Prestige, Künstler zu sein.

Womit könnte man die Bedeutung der Künstler im globalisierten Zusammenhang messen? Ein Indiz sind die Besucherzahlen der knapp zweihundert internationalen Biennalen und Kunstmessen, die heute regelmäßig rund um die Welt veranstaltet werden. Eine Reihe solcher Großveranstaltungen findet in Ländern statt, in denen es bereits seit mehreren Jahrzehnten starke Sammlerszenen gibt, aber kaum ein Bewusstsein für die öffentliche Rolle des Künstlers. Gerade in den lateinamerikanischen Gesellschaften mit den wichtigen neuen Museen und den bedeutenden Sammlungen der eigenen Moderne des 20. Jahrhunderts hat sich die Figur des Künstlers aus einer beschränkten Öffentlichkeit herausgearbeitet: zu einer Verkörperung des Zukunftspotentials ihrer Länder. Noch in den achtziger Jahren des letzten Jahrhunderts hatte ein zeitgenössischer asiatischer Künstler, der weiterhin in Japan oder Südkorea lebte, kaum Gelegenheit, international auszustellen. Diese Situation hat sich grundlegend verändert. Künstler aus den sogenannten Schwellenländern stellen gleichberechtigt in den ihnen früher verschlossenen Kunstzentren in Europa und Nordamerika aus. Damit ging die entsprechende Anerkennung des Künstlers in den betreffenden Gesellschaften einher, die selbst von der Globalisierung der zeitgenössischen Kunst erfasst wurden.

Hinzu kam die Vervielfachung der internationalen Ausstellungen von hohem Niveau, die eine wesentliche Neuerung der letzten Jahrzehnte darstellt. Besonders für die sich in raschen Fortschrittsprozessen befindlichen Schwellenländer spielen diese großen Ausstellungen zeitgenössischer Kunst und damit die neu entdeckte Bedeutung der bildenden Künstler eine wichtige Rolle auch im gesellschaftlichen Selbstverständnis. Zugleich hat die Gesamtbesucherzahl der Ausstellungen zeitgenössischer Kunst durch die Globalisierung exponentiell zugenommen. Im gleichen Zeitraum hat sich die Anzahl der Künstler nicht exponentiell erhöht, sie ist weitgehend gleich geblieben. Durch die Spaltung zwischen den Künstlern, die auf einen regionalen und lokalen Markt beschränkt bleiben, auf der einen Seite und den Künstlern, die auf den internationalen Markt gelangen, auf der anderen Seite blieb die Menge der Künstler, die international präsent sind, vergleichsweise konstant. Es gab keine „Künstlerschwemme" entsprechend der Zunahme der Ausstellungen und der Vergrößerung des Marktes. Damit hat sich die Bedeutung der Künstler verstärkt, die nach wie vor individuelle, nur sich selbst verantwortliche Entscheidungsträger sind, auch wenn ihre Partner in der Kunstwelt (Galeristen, Sammler, Vermittler ...) Einfluss zu nehmen versuchen. So kann die Entwicklung auch als Triumph und als Höhepunkt der Idee der freien Kunst und des freien Künstlers gesehen werden.

Ein drittes Indiz, diesmal aus der Innensicht einer Institution. An der Kunstakademie Düsseldorf waren gegen Ende der siebziger Jahre zwei Drittel der Studierenden für ein Lehramtsstudium eingeschrieben, und nur ein Drittel für freie Kunst. Heute hat sich dieses Verhältnis verkehrt. Nur noch 30 Prozent studieren auf Lehramt, um sich beruflich abzusichern. Zwei Drittel der Studierenden haben offensichtlich den Eindruck, auch als freier Künstler finanziell überleben zu können. Der international hoch gehandelte Bildhauer Tony Cragg, Rektor und seit 1979 an der Kunstakademie, sieht darin eine Auswirkung der vermehrten Aufmerksamkeit, die die zeitgenössische Kunst seit Jahren auf sich zieht: „Wie man es auch beurteilen mag: Die jungen Leute sehen im Künstlertum einen zukunftsträchtigen Beruf. Keinen einfachen, aber einen realistischen."

Ein viertes Phänomen: Das Feld der zeitgenössischen Kunst hat sich nachhaltig vergrößert. Es gibt neue Institutionen und Kunstszenen, besonders in Ländern, die zuvor keine selbständige und international vernetzte Szene zeitgenössischer Kunst kannten. Es gibt unübersehbar viele neue Akteure. War die Kunstszene Ende der siebziger Jahre des letzten Jahrhunderts mit einigen hundert internationalen Akteuren, die Künstler inbegriffen, noch mehr als überschaubar, so ist sie nun mit mehreren tausend bekannten Kuratoren, Galeristen, Museumsleuten, Sammlern und Kritikern sowie etwa tausend international gehandelten Künstlern zu einem breiteren Feld geworden als je zuvor seit dem Entstehen der bürgerlichen Öffentlichkeit und der freien Kunst im Zeitalter der Französischen Revolution.

Ein fünftes Indiz: Die Preise für international gehandelte zeitgenössische Kunst sind exponentiell gestiegen (wie übrigens auch die globalen Publikumszahlen). Vor allem erlebte die Hierarchie zwischen alter und neuer Kunst in spektakulärer Weise erstmals seit mehreren Jahrhunderten eine Umwälzung historischen Ausmaßes. Die Preise für zeitgenössische Kunst und streckenweise sogar für junge Kunst haben die Preise für die moderne Kunst vor 1960 und auch die Preise für klassische Kunst vor 1900 in den Schatten gestellt.

Darin ist mehr zu sehen als ein mechanischer Effekt des Umstands, dass sich die Anzahl der Werke klassischer Kunst vor 1900 und der klassischen Moderne des frühen 20. Jahrhunderts nicht mehr vermehren lässt, während die Kunst der Gegenwart dieses Problem per Definition nicht kennt. Das simple Argument von Nachfrage und Angebot greift in diesem Fall nicht. Zwar trifft es zu, dass es im Bereich der klassischen Moderne so gut wie keine verfügbaren Spitzenwerke der bekannten Künstler mehr gibt und dieser Markt in gewisser Weise derzeit nicht mehr besteht. Bei genügender Nachfrage in diesem Bereich ließen sich jedoch unzählige zu Unrecht vergessene Künstler erstrangiger Qualität, deren Werke verfügbar sind, wiederentdecken. Entsprechende Versuche von Kunsthändlern sind allerdings nur selten erfolgreich, weil die Aufmerksamkeit, in Europa und weltweit, derzeit wie nie zuvor auf der zeitgenössischen Kunst liegt. Wenn man sieht, wie Bernard Ceysson, früherer Direktor des Musée National d'Art Moderne im Centre Pompidou, in der Galerie, die er in der Rente betreibt, für museumsreife Bilder des 1964 verstorbenen Roger Bissière, eines der wichtigsten Maler ab den 20er Jahren des 20. Jahrhunderts, für 70.000 Euro keinen Käufer findet, während er die Bilder eines 35-jährigen Amerikaners um 700.000 Euro ohne Problem verkauft, erscheint uns das als Indiz für einen tiefen kulturellen Wandel, in dem sich die Hierarchien zwischen den Zeiträumen verschieben, zum Vorteil des zeitgenössischen Künstlers.

Von diesem Phänomen der Umkehrung zwischen den zeitgenössischen Preisen und den Preisen für moderne und alte Kunst hörte ich erstmals 1995 von Yoyo Maeght, der Erbin der legendären Galerie von Aimée Maeght aus der Nachkriegszeit, die Giacometti, Miró, Matisse usw. vertrat. Es wird mittlerweile von fast allen Galeristen bestätigt und findet sich in den Zahlen der großen Versteigerungshäuser Christie's und Sotheby's wieder. Ein Spitzenbild von Warhol übertrifft ein herausragendes Bild von Matisse bei großen Auktionen. Das Interesse für die Kunst der Gegenwart hat selbst in den „alten" Gesellschaften Westeuropas und Nordamerikas das Interesse für die Kunst der Vergangenheit überflügelt. Man kann diesen Vorgang als Revolution gegenüber der systematischen Wertschätzung des Alten ansehen, die in der Renaissance wieder eingeführt worden war und seither die Hierarchien auf dem Kunstmarkt bestimmte. Auch als mit der Französischen Revolution ein überschaubarer nationaler und internationaler Kunstmarkt entstand, blieben die Preise für wichtige Werke der vergangenen Jahrhunderte über jenen der wichtigen

Künstler der Gegenwart. Die erste Zäsur in diesem Gefüge ereignete sich in den siebziger Jahren des 20. Jahrhunderts, als japanische Käufer die Preise für Werke der klassischen Moderne in die Höhe trieben und die Preise für Werke aus dem späten 19. und der ersten Hälfte des 20. Jahrhunderts dadurch jene der alten Kunst zu übertreffen begannen. Das damit initiierte Hochpreisniveau von Werken bekannter Künstler der klassischen Moderne hat diesen Markt in drei Jahrzehnten, bis zur Jahrtausendwende, nahezu erschöpft, sodass er gegenwärtig nur noch mit vereinzelten Einlieferungen pro Jahr, die sehr teuer verkauft werden, sein Auslangen finden muss.

Angesichts der vergangenheitsbezogenen Traditionen fast aller Gesellschaften, die in der Globalisierung gleichgeschaltet sind, hätte man erwarten können, dass eine solche Verteuerung der Werke aus der jüngeren Zeit eine Rückkehr des Sammlerinteresses zur jeweils vorherigen Kunstepoche ihres Kulturkreises auslöst. Das Gegenteil war aber der Fall. Die zahlreichen Länder und Nationen, die an der Globalisierung beteiligt sind, in der oft bedeutendes Kapital akkumuliert ist und in der Kunst nach Rentabilität sucht, wandten sich nicht oder nur zum geringeren Teil der traditionellen Kunst zu. Das Phänomen zeigt, dass es ein breites Interesse an den Arbeiten zeitgenössischer Künstler gibt und man ihrer Fähigkeit vertraut, bleibende Werke zu schaffen und damit Werte, die einen vergleichsweise hohen Anschaffungspreis rechtfertigen.

Was bedeutet das für die gesellschaftliche Position des Künstlers? All diese Dinge weisen darauf hin, dass der zeitgenössische Künstler nunmehr grundsätzlich positiv eingeschätzt wird und sich in den post-industriellen Gesellschaften einer vergleichsweise breiten Anerkennung erfreut. Das stellt eine epochale Veränderung dar. Das lange innere Exil der Künstler bzw. ihre Außenseiterstellung, die sich mit dem Aufkommen der bürgerlichen Gesellschaft vor etwas mehr als zwei Jahrhunderten ergab, scheint beendet zu sein. Die Künstler wurden in den letzten Jahrzehnten gesellschaftlich integriert, was man sowohl positiv als auch negativ sehen kann.

Zur Beurteilung der gegenwärtigen Situation ist es dienlich, die Geschichte der Außenseiterstellung der Künstler seit den Anfängen der bürgerlichen Gesellschaft in Erinnerung zu rufen. Zunächst unternahm es die Generation der „Kunst um 1800"[2], den Künstler als allein verantwortlichen Autor seiner Bildsujets zu etablieren. Das war nicht als Selbstzweck gedacht, sondern als Mittel, um die neue Rolle eines Analytikers bzw. Warners vor dem Potential, auch dem Katastrophenpotential, der demokratischen Gesellschaft wahrnehmen sowie das neue Verhältnis zur Natur in der Industriegesellschaft ausloten zu können. Francisco de Goya, Johann Heinrich Füssli, William Blake, Caspar David Friedrich, Philipp Otto Runge und William Turner bezahlten für die neue Unabhängigkeit und für die Funktion als gesellschaftliche Seismographen mit einer mehrfachen Isolierung. Sie entfernte sie vom akademischen Kunstbetrieb einerseits, von einem breiten Verständnis für ihre Kunst, vom gesellschaftlichen Konsens und von der gesellschaftlichen Anerkennung andererseits. Diese neue Sonderstellung der Künstler, ihre Selbständigkeit und ihre Funktion als autonomes Gewissen der Gesellschaft wurden gleichwohl prägend für die beiden nachfolgenden Jahrhunderte. Sie bestimmen nach wie vor das geläufige Bild vom Künstler, insbesondere bei den meisten Künstlern selbst.

Die nachfolgenden Generationen der Romantik und des Realismus haben dieses neue Paradigma zu einem kollektiven Phänomen erweitert. Damit haben sie ihm auch eine hegemoniale Rolle im Kunstgeschehen verschafft, ohne dies mit institutioneller Macht im akademischen Betrieb zu verbinden. Während Théodore Gericault und Eugène Delacroix auch im Pariser Kunstalltag den Künstler als heroischen Einzelkämpfer gaben, der sich nicht um die Regeln des akademischen Betriebs kümmerte und dank einiger weniger privater Sammler überlebte, schufen anschließend die Jahrgänge, die vor 1848 der künstlerischen „Bohème“ angehört hatten, rund um Gustave Courbet und den Dichter und Kritiker Charles Baudelaire eine antibürgerliche Stoßrichtung dieser unabhängigen und selbständigen Kunst, die bis in die siebziger Jahre des 20. Jahrhunderts ihre Geltung bewahrte. Diese post-romantische Generation erlebte besonders nach der französischen Julirevolution von 1830 die neue Hegemonie des Bürgertums in den Bereichen des Sozialen und der Ökonomie und ihre Folgen für die Kunst, nämlich das Ende des Mäzenatentums der Adelsgesellschaft und die Gestaltung auch des künstlerischen Lebens nach den Prinzipien der reinen Zweckmäßigkeit. Der Künstler als Anti-Bourgeois wurde zum selbsternannten Gewissen gegenüber den Widersprüchen der vom Bürgertum gestalteten Welt, lange bevor Émile Zola 1898 mit seinem berühmten Leitartikel „J’accuse ...!“

in der Tageszeitung „Aurore“ dies auch unter Schriftstellern und Philosophen mit der Figur des Intellektuellen etablierte.[3]

Die Generationen des letzten Drittels des 19. Jahrhunderts, die Impressionisten und Symbolisten, bauten diese Sonderstellung des modernen Künstlers in der Gesellschaft nachhaltig aus, indem sie autonome Parallelinstitutionen zum offiziellen, von den Regierungen abhängigen Kunstbetrieb organisierten. Das begann mit den freien Ausstellungen der Impressionisten (1874–1886), die selbst wiederum auf dem „Pavillon des Realismus“ beruhten, den Gustave Courbet vor den Toren der Pariser Weltausstellung von 1855 betrieben hatte. Aus ihnen und dem von den Künstlern erzwungenen „Salon des Refusés“ (1863) entwickelten sich eine Reihe von freien „Salons“, die bis in die fünfziger Jahre des 20. Jahrhunderts die künstlerische Aktualität in der damaligen Kunstmetropole Paris dominierten. Der „Salon des Indépendants“ (ab 1884) war eine von den Künstlern selbst organisierte jährliche Großausstellung ohne externe Jury, ebenso wie der „Salon d'Automne“ (ab 1903), der „Salon des Surindépendants“ (ab 1934) und der „Salon des Réalités Nouvelles“ (ab 1939). Erst mit der Schaffung des Kulturministeriums durch André Malraux 1958 und der ersten „Biennale de Paris“ 1959 fand die Verstaatlichung des Kunstgeschehens in Frankreich statt.

Parallel zu diesen Ausstellungsinstitutionen entstanden die ersten freien Künstlervereinigungen, mit der informellen Gruppe der Impressionisten, dem „Cercle des XV“ rund um Jules Bastien-Lepage in Paris, dem auch Max Liebermann, der spätere Gründer der Berliner Secession, angehörte, und der „Groupe des Vingt“ in Brüssel ab 1883. Die freien Künstlervereinigungen wiederum waren die Plattformen für die Secessionen, die in München ab 1892, in Wien ab 1897 und in Berlin ab 1898 autonome, von den Künstlern selbst betriebene Ausstellungshäuser mit internationaler Ausstrahlung und einer engen Verknüpfung mit einem neuartigen Kunsthandel schufen, der ähnlich wie die späteren „Produzentengalerien“ funktionierte. Auch die moderne Galerie entstand in diesem Zusammenhang, mit der Galerie Durand-Ruel im Umkreis der Impressionisten, der bedeutenden Galerie Petit als Plattform des „Cercle des XV“ sowie in Berlin mit der Galerie Cassirer als unmittelbarem Partner der Berliner Secession und wichtigster deutscher Galerie der Moderne bis 1933. Auch die Biennale von Venedig ging aus dieser Entwicklung hervor, als eine 1895 in enger organisatorischer Verbindung mit der Münchner und der Berliner Moderne gegründete Ausstellung, die bis zum faschistischen Regime Mussolinis im Italien der zwanziger Jahre des letzten Jahrhunderts eine von Künstlern selbst organisierte Ausstellung blieb.[4]

Diese institutionelle Aufbauleistung bildet die Voraussetzung für die umfassende künstlerische Revolution, die zu Beginn des letzten Jahrhunderts stattfand und die Moderne des 20. Jahrhunderts begründete. Das Lager der modernen Kunst hatte sich bereits zuvor die Unabhängigkeit von den staatlich kontrollierten Kunstakademien und den Jurys der großen Kunstausstellungen erarbeitet und ein eigenes institutionelles System sowie einen eigenen Kunstmarkt ausgebildet. Ohne die unabhängigen Ausstellungs- und Kunsthandelsinstitutionen der Moderne wäre die künstlerische Revolution, die zwischen 1905 und 1914 das zentralperspektivische System in der Malerei und die traditionelle Konzeption der Darstellung hinwegfegte, nicht möglich gewesen. Die moderne Kunst hatte sich mit den Secessionen, den unabhängigen „Salons" und der Biennale von Venedig zu einer hegemonialen Bewegung besonders unter jüngeren Künstlern entwickelt und konnte sich ab 1905 als unabhängige Sphäre konstituieren, in der die experimentelle Entwicklungsarbeit und eine intensive interne Diskussion ein jahrhundertelang respektiertes ästhetisches Paradigma vom Thron stieß. Was in der Aufklärung im 18. Jahrhundert als philosophische Utopie entstand, war Realität geworden: Die freie Kunst verfügte über ihr eigenes institutionelles und kommerzielles Feld, das sie von den konservativen Regierungen der Epoche vor 1914 und dem offiziellen Kunstbetrieb unabhängig machte und es ihr nach dem Ende des Ersten Weltkriegs erleichterte, die Epoche der faschistischen und der stalinistischen Diktaturen zu überstehen.

Die klassische Moderne blieb bis in die fünfziger Jahre des 20. Jahrhunderts eine unabhängige, zugleich aber auch isolierte Sondersphäre innerhalb des gesamten Kunstgeschehens. 1953 fand sich der damals 34-jährige abstrakte Maler Pierre Soulages als Gestalter eines Bühnenbilds zu einem Tanzfestival in Tours in Mittelfrankreich eingeladen. Im Zug von Paris nach Tours lernte er den 72-jährigen Fernand Léger kennen, der gleichfalls ein Bühnenbild gestalten sollte, und war überrascht zu vernehmen, dass Léger mit seiner Kunst nie wirklich Geld verdient und immer von der privaten Kunstschule gelebt hatte, die er seit den zwanziger Jahren in seinem Atelier betrieb: „Léger war ebenso abgebrannt wie ich, der noch am Anfang stand.“[5] Wie sehr das Lager der modernen Kunst ein unabhängiges, aber auch isoliertes Milieu im gesellschaftlichen Zusammenhang und in der dominierenden Kunstwelt bildete, zeigen zwei Ausstellungen, die 1921 und 1924 in der Wiener Secession stattfanden. In beiden Ausstellungen waren Künstler wie Naum Gabo, Wassily Kandinsky, Frederick Kiesler, Paul Klee, Fernand Léger, Nicolas Pevsner usw. mit Werken vertreten, die sich heute durchwegs in wichtigen Museen befinden. Anlässlich der 100 Jahre-Ausstellung der Wiener Secession ergab eine Recherche, dass damals keine Wiener Tageszeitung über die beiden Ausstellungen berichtete. Die Kunstkritiker und das breite Publikum erkannten die ausgestellten Dinge nicht als Kunst. Dass zahlreiche Werke aus diesen Ausstellungen sich heute im Museum of Modern Art in New York befinden, scheint auf einen Besuch von Marcel Duchamp zurückzugehen, der damals für Katherine Dreier kaufte. Auch dabei war man unter sich. Duchamp war ein Künstler aus dem gleichen Kreis der radikalen Moderne, der vorübergehend das Kunstmachen zugunsten einer diskreten Tätigkeit als Kunsthändler aufgegeben hatte.[6]

Diese Situationsbeschreibung trifft in den Grundzügen auch noch auf die Jahre nach 1945 zu. In Westeuropa erlaubte diese Autonomie die Rekonstruktion der radikalen Moderne nach ihrer versuchten Auslöschung durch den Nationalsozialismus. In New York ermöglichte die Autonomie der Kunstszene zwischen 1945 und 1960 nicht nur die enorme Kreativität der Maler und Bildhauer des Abstrakten Expressionismus, sondern auch die ersten Ideen für ganz neue Konzeptionen des zwei- oder dreidimensionalen Bildes, die mit Robert Rauschenberg und Jasper Johns, dem Happening, der Pop Art und der Minimal Art bzw. der Düsseldorfer Szene der sechziger Jahre eine zweite Revolution der Kunst im 20. Jahrhundert initiieren sollten.

Einer der Ersten, der den Paradigmenwechsel erkannte, der durch die Pop Art eingeleitet wurde, war der damalige Wirtschaftsjournalist Willi Bongard, der 1964 in einem Artikel auf den Wirtschaftsseiten der Hamburger Wochenzeitung „Die Zeit“ auf Tendenzen für ein neues Verhältnis von avancierter Kunst und ökonomischer Sphäre hinwies.[7] Mit der Einbeziehung von aktuellen massenmedialen Bildsujets bei Robert Rauschenberg, der bei der Biennale von Venedig 1964 als erster US-Amerikaner den Großen Preis für Malerei erhielt, und am deutlichsten mit den „Brillo-Boxes“ von Andy Warhol (1964) wurde die Suche nach einem intensiven Dialog mit der allgemeinen Öffentlichkeit und nach einem aktiven Umgang mit der Sphäre des Kommerzes und seiner Ästhetik sichtbar.

Die kürzlich erstmals veröffentlichten „Afternoon Interviews“ von 1964 zwischen Marcel Duchamp und Calvin Tomkins zeigen, wie sehr Duchamp als aufmerksamer Beobachter in New York die Integration der Künstler in die Normalität nicht als aktiv konstruiert, sondern als erlitten wahrnahm und in der Form eines Entfremdungsprozesses hinsichtlich der autonomen Sphäre der klassischen Moderne beschrieb: „What I call the integration of the artist into society, which means he's on a par with the lawyer, with the doctor. Fifty years ago we were pariahs – a young girl's parents would never let her marry an artist. (...) The artist (is) integrated for the first time in a hundred years (...) Exchanging art for dollars did not exist except for a few artists at that time. The life of an artist in 1915 was non-existent as a money-making proposition – far from it. Many more people are miserable today because they try to make a living from painting and can't. There is so much competition.“[8]

Bis 1980 entwickelte sich dieser Ansatz zu einem neuen Paradigma in einer ambivalenten Form. Auf der einen Seite entstand der Kunstmarkt in der heute bekannten Form, mit dem Eintritt neuer Käuferkreise in den Markt, darunter der frühen Corporate Collections und von kapitalkräftigen Sammlern aus Japan und dem Mittleren Osten. Besonders der französische Impressionismus und Post-Impressionismus erreichte in den siebziger und achtziger Jahren erstmals Höchstnotierungen in zigfacher Millionenhöhe. Zugleich multiplizierten sich die Preise für Pop Art in den sechs- und siebenstelligen Bereich, womit diese Künstler die Ersten waren, bei denen ein solcher Vorgang zu Lebzeiten stattfand.[9] Die „Avantgarde-Kunst“ dieser Jahre, die sich auch selbst so nannte, hat viel dazu beigetragen, dass die Kunst sich bis heute ein autonomes Feld bewahrte. Ihr Zentrum waren die Ansätze bewusst nichtkommerzieller Kunst, die zugleich den direkten Dialog mit der Öffentlichkeit suchte. Dabei entstanden einige der bedeutendsten Werke des 20. Jahrhunderts, die die Formensprache der modernen Kunst nochmals tief erneuerten.

Ein großer Teil der Kunstszene wollte bis 1980 die von der klassischen Moderne erarbeitete Autonomie dazu einsetzen, die avancierte Kunst tatsächlich zur „Avantgarde" der gesellschaftlichen Entwicklungen zu machen. Diese Konstellation war besonders an den performativen Kunstformen der sechziger und siebziger Jahre zu beobachten, an Happening, Fluxus und Performance, die auf der einen Seite den Begriff der Avantgarde als Selbstverständnis der Kunst einsetzten, mit der Vorstellung einer Vorreiterrolle der Kunst hinsichtlich der allgemeingesellschaftlichen Entwicklungen, und auf der anderen Seite eine direkte Kommunikation mit einer Öffentlichkeit anstrebten, die das traditionelle Kunstpublikum bewusst überschreiten sollte. Das Werk und die Person von Joseph Beuys sowie die Entwicklung seines Werks wie seiner öffentlichen Rolle von den sechziger bis zu den achtziger Jahren sind dafür als beispielhaft anzusehen.

Der Umbruch von 1980, mit der ebenso raschen wie umfassenden Integration der zeitgenössischen Kunst in die neoliberale Gesellschaft, ist ohne diese Bewegung, die von Seiten der Künstler ausging, kaum verständlich. Die frühen achtziger Jahre markieren in mehrfacher Hinsicht eine Zäsur. Während die zeitgenössische Kunst über weite Strecken zu einem figuralen Paradigma zurückkehrte, dabei mit dem Slogan der siebziger Jahre von einer zunehmenden „Entmaterialisierung des Kunstwerks" brechend, erkannte auf der anderen Seite die Gesellschaft in den weiterhin als Einzelkämpfer ohne große finanzielle Absicherung tätigen Künstlern exemplarische Ausprägungen des neoliberalen Individuums. Andy Warhol, Joseph Beuys, Jean-Michel Basquiat und Keith Haring, die Superstars der achtziger Jahre, die noch im gleichen Jahrzehnt verstarben, sind in gewisser Weise die Märtyrer in dieser Situation, in der die westlichen Gesellschaften binnen weniger Jahre die zeitgenössische Kunst integrierten und als Symbol kreativer Innovation anerkannten. Seit den achtziger Jahren des letzten Jahrhunderts erlebt sich auch die Kunstwelt selbst nicht mehr als eine Gegengesellschaft, wie es seit der Epoche um 1800 der Fall gewesen war. Die Künstler, wie prekär ihre wirtschaftliche Situation im Einzelnen auch sein mag, wissen sich mitsamt der Gegenwartskunst gesellschaftlich akzeptiert. Es variiert nur die diskursive Beachtung in dem Maß, wie sie auf dem Kunstmarkt und im Bereich der Ausstellungen erfolgreich sind. Es lässt sich darüber streiten, ob es die Künstler sind, die sich durchgesetzt haben, oder ob sie integriert wurden. Letzteres versteht sich nicht von selbst. Jedenfalls gehört die grundlegende Konfrontation zwischen der Kunstwelt auf der einen und der bürgerlichen Gesellschaft auf der anderen Seite, die das 19. und weite Teile des 20. Jahrhunderts bestimmte, der Vergangenheit an.

Die Künstler erleben zu Beginn dieser neuen Epoche zwei weitere Revolutionen. Die erste betrifft die Rolle und die Stellung der Künstlerinnen im Kunstgeschehen der Gegenwart. Vor 1950 erreichte keine einzige bildende Künstlerin den Rang eines der international stark beachteten männlichen Künstler. Die bekannten Heroinnen der klassischen Moderne der ersten Hälfte des 20. Jahrhunderts wurden in den sechziger, siebziger und achtziger Jahren wiederentdeckt, zumeist posthum. Im Sommer 1955 befanden sich bei der ersten documenta in Kassel unter 148 teilnehmenden Künstlern drei Frauen. Trotz ihrer zeitgleichen, aktuellen Arbeit war Gabriele Münter mit Werken aus der Zeit ihrer Zusammenarbeit mit Wassily Kandinsky vor 1914 vertreten. Sophie Taeuber-Arp war bereits 1943 gestorben und hatte als Ehefrau von Hans Arp die reine, nichtfunktionelle künstlerische Arbeit zugunsten von Projekten angewandter Kunst zurückgestellt. Lediglich von der damals 47-jährigen portugiesischen Malerin Maria Elena Vieira da Silva waren aktuelle Werke zu sehen. Vieira da Silva verschwand aber mit der Ablösung der abstrakten Malerei der Nachkriegszeit durch die Pop Art um 1963 aus dem Blickfeld des breiteren Publikums.

Bis in die frühen achtziger Jahre konnte man dann von älteren Künstlerinnen Lebensgeschichten der erzwungenen Unterwerfung im männlichen Kunstgeschehen hören. Meret Oppenheim erinnerte sich 1981, 68-jährig, gegenüber den Aufbauhelfern ihrer Ausstellung in der Wiener Galerie nächst St. Stephan daran, dass sie anlässlich ihrer Pelz-Tasse von 1936 („Le Déjeuner en fourrure“, Museum of Modern Art in New York), die zu den Inkunabeln des Surrealismus und der Objektkunst zählt, von den männlichen Künstlern der Surrealisten-Gruppe, in der sie verkehrte, vor allem aber von André Breton mit dem Vorwurf konfrontiert wurde, sie habe ihnen die Idee geklaut. Sie selbst sei bloß ein Modell. Entmutigt gab sie das Kunstmachen auf und begann damit erst wieder Ende der fünfziger Jahre, als die Situation bereits aufzubrechen begann. Bis zu ihrem Tod 1985 schuf sie noch eines der feinsten, konzentriertesten postsurrealistischen Werke des 20. Jahrhunderts.

Sonia Delaunay starb Ende 1979 als letzte Grande Dame der ersten Generation der klassischen Moderne. Nach ihrer zweiten Hochzeit mit Robert Delaunay im Jahr 1910 hatte sie weiterhin gemalt, dann aber unter dem Eindruck der Entbehrungen während des Ersten Weltkriegs (neben Marcel Duchamp wählte Robert Delaunay als einer von wenigen französischen Künstlern das Exil, um nicht als Soldat dienen zu müssen) gemeinsam mit ihrem Ehepartner beschlossen, sich als Frau auf die angewandte Kunst zu konzentrieren, um die Familie zu ernähren. Erst nach dem Tod von Robert Delaunay 1941 nahm sie ihr malerisches Werk wieder auf, sich zugleich selbstlos für die Präsenz des Werks ihres verstorbenen Künstlergatten einsetzend. Robert Delaunay war daraufhin stark auf der ersten documenta vertreten, nicht aber Sonia Delaunay. Ihr zweites bildnerisches Werk aus den Jahren nach 1940 war für die feministischen Ansätze der sechziger und siebziger Jahre von wesentlicher Bedeutung, wird heute aber fälschlicherweise oft der Kunst des frühen 20. Jahrhunderts zugeordnet.

In diesen Jahrzehnten waren die Künstlerinnen Legion, die ihre eigene künstlerische Arbeit unter dem Druck des Ehepartners aufgaben, sei dieser nun Künstler oder nicht. Selbst Marie Raymond, eine der wichtigsten abstrakten Malerinnen der Nachkriegszeit und die Mutter von Yves Klein, verfügte auf Grund der damaligen Rechtslage über kein eigenes Bankkonto, obwohl sie mit ihrer Malerei den Haushalt wesentlich mitfinanzierte. Erst in der zweiten Hälfte der sechziger Jahre erhielten verheiratete Frauen in Westeuropa das Recht, einen Scheck zu unterschreiben, ein eigenes Bankkonto zu eröffnen und finanzielle Entscheidungen zu treffen.

Unverheirateten Künstlerinnen ging es um 1960 nicht besser, da das Single-Dasein einer Künstlerin, mit dem die meisten bedeutenden Künstlerinnen der Gegenwart ihren Kopf aus der Schlinge ziehen, gesellschaftlich noch nicht akzeptiert war. Maria Lassnig flüchtete 1961 trotz der beginnenden institutionellen Anerkennung aus diesem Grund und wegen der Anfeindungen durch die männlichen Kollegen aus Wien nach Paris und 1969 weiter nach New York. Sie hatte knapp nach dem Ende des Zweiten Weltkriegs ihrem Verlobten aus Westfrankreich, einem Zwangsarbeiter der Kriegsjahre, geschrieben, sie fühle, weniger für das Kuchenbacken geboren zu sein als für das Bildermalen. Im New York der siebziger Jahre war sie in einer locker organisierten Gruppe feministischer Filmkünstlerinnen zum ersten

Mal in ihrer Laufbahn sozial geborgen, bevor sie 1980 in Wien zur ersten akademischen Professorin für Malerei in der österreichischen Geschichte berufen wurde. Seit den neunziger Jahren des letzten Jahrhunderts legt sie ein freies und einzigartiges Spätwerk vor, das jenen der besten männlichen Kollegen zumindest ebenbürtig ist, auch was die Beachtung in Ausstellungen und auf dem Kunstmarkt betrifft.

Bevor es zur symbolischen Gleichstellung der Künstlerinnen kam, die in der neuen künstlerischen Realität der frühen Jahre des 21. Jahrhunderts stattfindet, bedurfte es noch mehrerer Schritte. Der erste Schritt begann mit Eva Hesse, die 1964/65 während ihres Aufenthalts in der Nähe von Düsseldorf, in dem Land, das nach 1939, dem Jahr ihrer Exilierung aus Deutschland im Alter von zwei Jahren, ihre gesamte in Europa verbliebene Familie mütterlicherseits ermordet hatte, zur dreidimensionalen Arbeit fand und anschließend in New York in der Minimal Art und besonders der „Anti-Form" als erste Künstlerin eine führende Rolle in einer modernen Kunstbewegung spielte. Diese Rolle übernahm in den späten achtziger Jahren Louise Bourgeois, um bis zu ihrem Ableben 2011 den Aufstieg einer Künstlerin zur prinzipiellen Gleichberechtigung im Kunstgeschehen des frühen 21. Jahrhunderts zu verkörpern.

Um 1970 begannen auch die Künstlerinnen der Avantgarde eine programmatische Solidarität und eine Staffelübergabe von Generation zu Generation aufzubauen, wie sie die männlichen Künstler seit Jahrhunderten betrieben. Wurden damit erstmals die Zersplitterung der weiblichen Kunstszene und die Isolierung ihrer Mitglieder überwunden, so vermochten in den achtziger und neunziger Jahren eine ganze Reihe von Künstlerinnen, von Jenny Holzer und Barbara Kruger bis zu Katharina Fritsch und Rosemarie Trockel, in den vordersten Reihen der aktuellen Kunst zu agieren, sowohl bezüglich der Aufmerksamkeit für ihre Arbeit als auch hinsichtlich des Einflusses auf die allgemeine Entwicklung. Die neofeministische Welle der neunziger und 2000er Jahre, im universitären Bereich von der Genderforschung abgestützt, setzte die Gleichheit im Ausstellungsbetrieb zumindest als Prinzip durch. Damit fand innerhalb von fünfzig Jahren eine Revolution von epochaler Bedeutung statt.[10]

Das bedeutet keineswegs, dass es für Künstlerinnen und Künstler keine Probleme mehr gäbe. Bei den Künstlerinnen sticht eine weiterbestehende soziale Benachteiligung im künstlerischen Feld ins Auge, die sich nicht in einem einzelnen, spektakulären Faktor konzentriert, sondern aus einer Vielzahl kleiner und mittlerer Effekte resultiert, die zusammengenommen ein nach wie vor beträchtliches Gefälle zwischen männlichen und weiblichen Künstlern ergeben. Ein kontinuierliches Werk und eine bis ins hohe Alter durchgehaltene Laufbahn sind weiterhin, von wenigen Ausnahmen abgesehen, für Künstlerinnen nur mit dem Verzicht auf Familie und Kinder zu erreichen. In Ausstellungen, Kunstzeitschriften und der Kunstkritik, selbst von Kunstkritikerinnen, ist die Anzahl von Künstlerinnen zwar teilweise nur in geringem Maße, aber doch stets geringer als diejenige der Künstler. Das Ungleichgewicht wird noch weit deutlicher, wenn man die Berücksichtigung von Künstlerinnen auf Ausstellungsplakaten bei Gruppenausstellungen und auf den Titelseiten von Kunstzeitschriften analysiert. Das Preisniveau für Werke von Künstlerinnen liegt klar unter jenem für Werke männlicher Künstler, sowohl im mittleren als auch im hohen Preissegment und gleichermaßen bei zeitgenössischer wie bei älterer Kunst. Während im Februar 2013 mit acht Millionen Euro für das Gemälde „Après le déjeuner" (1881) der impressionistischen Malerin Berthe Morisot bei einer Auktion in London ein neuer Rekord für ein Bild einer Künstlerin zustande kam, beläuft sich der bislang höchste Preis für ein Bild eines männlichen Künstlers, Edvard Munchs „Der Schrei", auf neunzig Millionen Euro.

Ein zweites Phänomen besteht in der zunehmenden Spaltung der Kunstszene im frühen 21. Jahrhundert. Die globalisierte Museums- und Sammlerlandschaft treibt die Preise für jene Künstler in die Höhe, die international gehandelt werden. Auf einer Zwischenebene befinden sich viele junge Künstler, die bei einigen der zahlreichen, global verstreuten Biennale-Ausstellungen zum Einsatz kommen. Da sich die Künstlerlisten von einer Biennale und documenta zur anderen in den letzten Jahren rasch gewandelt haben, konnten aber nicht viele davon ausgehend eine kontinuierliche Laufbahn aufbauen. Die meisten von ihnen stoßen über kurz oder lang zu dem neuen Künstlerproletariat aus jenen unzähligen Künstlern, die weder die Aufmerksamkeit einer internationalen Biennale noch eine Position auf dem internationalen Kunstmarkt erreichen. Für sie hat sich die wirtschaftliche Situation in den letzten fünfzehn Jahren deutlich verschlechtert. Mit der zunehmenden Konzentration der Aufmerksamkeit und des Käuferinteresses auf die überteuerten, international gehandelten Namen ist der lokale und regionale Markt in vielen Ländern destrukturiert, teils zusammengebrochen. Die große kunstsoziologische Frage der Gegenwart besteht darin, wie die europäische und nordamerikanische Kunstwelt mit diesem Phänomen umgehen wird. Immer mehr Künstler sind von der künstlerischen Öffentlichkeit und dem Zugang zum Markt ausgeschlossen, während vergleichsweise wenige Künstler immer höhere Preise erzielen. Einen vergleichbaren Konflikt hat es im 19. und 20. Jahrhundert innerhalb der Moderne nicht gegeben. Darin waren fast alle Künstler finanziell vergleichbar ausgestattet, und die Preise für zeitgenössische Kunst blieben insgesamt niedrig. Mondrian musste fürs Plakat mitzahlen, um ausstellen zu können, und ein Gemälde von Egon Schiele war in den dreißiger Jahren in Wien für das Monatsgehalt eines Beamten zu erwerben. Andererseits ermisst man am exponentiellen Preisanstieg für zeitgenössische Kunst auf dem internationalen Markt die Entwicklung, die der Status der Künstler seit der Mitte des 20. Jahrhunderts durchschritten hat. Die Verwerfungen des Marktes zwischen den „ausgeschlossenen“ und den „einbezogenen“ Künstlern sind der Preis dafür.

Anmerkungen

Die Museen des 21. Jahrhunderts

1 Vgl. Werner HOFMANN, *Die Moderne im Rückspiegel. Hauptwege der Kunstgeschichte,* München 1998.
2 Das Musée National d'Art Moderne weist innerhalb des multidisziplinären Centre Georges Pompidou in Paris (Gesamtbesucherzahl fünf Millionen pro Jahr) eine geringere Besucherfrequenz aus, praktiziert aber gleichfalls seit 2004 eine nichtchronologische Hängung weiter Teile der Schausammlung.
3 „MoMA in Berlin". Seminar am Studiengang „Angewandte Kulturwissenschaften", Universität Lüneburg, 2004.
4 Gespräche mit Damien WHITMORE, Bundeskunsthalle, Bonn, Jänner 2012.
5 Gespräche mit Sir Nicholas SEROTA, Tate Modern, London, November 2006.
6 Seminar „Aktuelle Entwicklungen im Museumsbereich", CIAM - Masterlehrgang der Kunst- und Musikhochschulen in Düsseldorf und Köln, Köln, Jänner-Februar 2013.
7 CIMAM (Comité International des Musées d'Art Moderne), Jahrestagung, Shanghai, November 2010, http://www.cimam.org/arxius/reuniones/archivos/Publication_CIMAM_2010_Annual_Conference_SMALL.pdf.
8 Gespräche mit Massimiliano GIONI, künstlerischer Leiter der Biennale von Venedig 2013, Madrid 2012.

Zur politischen Ökonomie einer Galerie

1 Noch immer verstärkt sich die Tendenz, die Konfrontation mit der Kunst (Bild, Text, Musikstück) durch das Gerede um den Kunstbetrieb (die soziale Lage der Künstler, die Notwendigkeit einer Künstlergewerkschaft, die überall erlittene Ausbeutung oder Vereinnahmung der Künstler) zu substituieren. Dieser Prozess dient mehreren Zielen: der Entschärfung des Kunstwerks durch das Reden um den Künstler; der Selbstbeweihräucherung des Künstlers, der sich suggeriert, die Welt zum Guten erlösen zu können, wenn er nicht immer unterdrückt und vereinnahmt würde; der Verstärkung der Position von Kunstbürokratien aller Art. Für die österreichische Situation hat Franz Schuh in seinen Glossen, Reden und Aufsätzen das alles unnachahmlich analysiert: Franz SCHUH, *Das Widersetzliche der Literatur. Kritische Kritiken* (= Protokolle 81/4), Wien-München 1981.

2 Die Alternative Spaces in New York, die deutschen Kunstvereine und Produzentengalerien sowie die anderen Sonderformen von Galerien und Kunsthallen sind durchwegs anders strukturiert und ausgerichtet, auch wenn ihre Vorbildfunktion für die österreichischen Informationsgalerien nicht unterschätzt werden darf. Besonders deutlich wird der Unterschied auch bei den internationalen Messen, wo die Österreicher, im Gegensatz zu allen anderen, von der Exportförderung profitieren.

3 Das gilt auch für mich als Autor dieses Buches.

4 Vgl. Paul KRUNTORAD, „Die Ästhetik der Selbstbehauptung - ein ideenkritischer Beitrag zur Geschichte der österreichischen Nachkriegskunst", in: *Die unbekannte Sammlung. Materialien zur staatlichen Kunstförderung in Österreich,* Wien (BMUK) 1979, S. 320-332; Ernst JANDL, „Epoche der zahlreichen Veränderungen", in: *Ernst Jandl für alle,* Darmstadt-Neuwied 1974; Ilse AICHINGER, „Aufruf zum Mißtrauen", in: *Plan,* 1946.

5 Vgl. die Statements von Maria Lassnig („Kommt der Veränderung zuvor, die die Zeit mit uns vorhat"), Oswald Oberhuber („Die permanente Veränderung") und Arnulf Rainer („Malerei, um die Malerei zu verlassen").

6 Denn die ästhetischen Strategien müssen in dieser Situation auf die Konstituierung und Erhaltung personaler Identität zielen.

7 Der österreichische Kunstbetrieb bietet seinen Künstlern nur in den seltensten Fällen die Möglichkeit, ihre Kunst als autonome Profession zu betreiben, lässt sie aber auch nicht verarmen: Der Künstler kann sich mit einem kleinen in- oder ausländischen Sammlerkreis begnügen und diese Einkünfte als Zubrot verwenden, sein Einkommen aber auf Nebengebieten verdienen (dann braucht er keine Ausstellungen mehr); er kann versuchen, sein eigener Agent zu werden, mit Händlern des In- und Auslandes Verträge abzuschließen (dann verwickelt er sich und sein Werk in ökonomische und handelsorganisatorische Zwänge); er kann versuchen, sich an einer Kunsthochschule zur Ruhe zu setzen, um endlich ungestört seinen künstlerischen Intentionen folgen zu können; er kann versuchen, sich eine Kunsthochschule als Öffentlichkeitsplattform zu sichern; er kann versuchen, die Wettbewerbs- und Subventionsangebote voll auszunützen (wird sich davon allerdings nicht ernähren können); er kann versuchen, so lange wie möglich im Aktualitätsbetrieb durchzuhalten, in dem immer irgendwelche Brocken abfallen und in dem er sich durch den Status des Prä-Erfolgreichen falschen Hoffnungen hingeben kann. Immer jedoch wird er auf die Berufsbezeichnung „Nebenerwerbskünstler" bzw. „Künstler ohne geregeltes Einkommen" fixiert bleiben. (Ausnahmen von dieser Regel sind meist keine.)

8 Die nachfolgende Beschreibung ist spezifisch für die österreichische Situation der sechziger und siebziger Jahre.

Die Galerien des 21. Jahrhunderts

1 Das bis heute bedeutendste Beispiel ist die Dia Art Foundation, die 1974 von Heiner Friedrich und Philippa de Menil in New York gegründet wurde. In Westeuropa wird dieses Paradigma vom Schaulager in Basel repräsentiert.

2 Leo Castelli wurde 1907 im italienischen Triest als österreichischer Staatsbürger geboren, ging während des Ersten Weltkriegs in Wien als Mitschüler des Sohns von Hugo von Hofmannsthal ins Gymnasium, eröffnete vor dem Zweiten Weltkrieg in Paris eine erste Galerie und flüchtete 1940 vor der deutschen Wehrmacht nach New York. Vgl. Annie COHEN-SOLAL, *Leo and His Circle: The Life of Leo Castelli,* New York 2010.

Die Figur des Künstlers

1 Calvin TOMKINS, *Marcel Duchamp. The Afternoon Interviews,* Brooklyn 2012, S. 93.
2 Vgl. die bahnbrechende Ausstellungsreihe „Kunst um 1800" von Werner Hofmann an der Hamburger Kunsthalle 1974–1980, Kataloge im Prestel Verlag, München-New York.
3 Vgl. Dolf OEHLER, *Pariser Bilder I. Anti-Bourgeoise Ästhetik bei Baudelaire, Daumier und Heine,* Frankfurt/Main 1979; Wolfgang FIETKAU, *Schwanengesang auf 1848. Ein Rendezvous am Louvre: Baudelaire, Marx, Proudhon und Victor Hugo,* Reinbek b.H. 1978; Michel FOUCAULT, „Die politische Funktion des Intellektuellen", in: ders., *Schriften in vier Bänden. Dits et Ecrits, Bd. III: 1976-1979,* hg. v. Daniel DEFERT/ François EWALD, Frankfurt/Main 2003, S. 145-152 und 205-213 über den universellen und den spezifischen Intellektuellen.
4 Vgl. Robert FLECK, „Wegbereiter der Moderne", in: *Max Liebermann. Wegbereiter der Moderne,* AusstKat. Kunst- und Ausstellungshalle der Bundesrepublik Deutschland, Köln 2011, S. 35-86; Robert FLECK, *Die Biennale von Venedig. Eine Geschichte des 20. Jahrhunderts* (Fundus-Reihe), Hamburg 2009.
5 Pierre SOULAGES im Gespräch mit dem Autor, Palais des Congrès de Tours, November 1998 (unveröffentlicht).
6 Vgl. Robert FLECK, „Chronologie", in: *Das Jahrhundert der künstlerischen Freiheit. 100 Jahre Secession,* München-New York 1998, S. 90-108.
7 Vgl. Willi BONGARD, *Kunst & Kommerz. Zwischen Passion und Spekulation,* Oldenburg 1967.
8 Calvin TOMKINS, *Marcel Duchamp. The Afternoon Interviews,* a.a.O., S. 24, 25, 28.
9 Heinz HOLTMANN, *Keine Angst vor Kunst. Moderne Kunst erkennen, sammeln und bewahren,* Düsseldorf [2]1998, S. 202.
10 Das kam beispielsweise 2011-2013 in der Ausstellung „Figure in the Garden" im Skulpturengarten des Museum of Modern Art in New York zum Ausdruck, die, kuratiert von Ann Temkin, Chefkustodin für Malerei und Skulptur, die gesamte Geschichte der männlichen figurativen Skulptur in der Moderne in der aktuellen Arbeit einer Künstlerin kulminieren ließ, Katharina Fritsch' „Figurengruppe" (2006-2008). Vgl. *Figure in the Garden,* hg. v. Robert FLECK, Köln (im Erscheinen).

Nachweise

Die Globalisierung und die Produzenten - ein Programm

Antrittsvorlesung: Lehrstuhl „Kunst und Öffentlichkeit", gehalten am 20.11.2012 an der Kunstakademie Düsseldorf

Kalter Krieg im Kunstbetrieb

Erstveröffentlichung: *Kunstzeitung*, Regensburg, August 2012

Zur politischen Ökonomie einer Galerie

Erstveröffentlichung: *Avantgarde in Wien. Die Geschichte der Galerie nächst St. Stephan, Wien 1954-1982. Kunst und Kunstbetrieb in Österreich*, Wien-München 1982, S. 445-455, 461-469

Passagen Kunst

Robert Fleck

Die Ablösung vom 20. Jahrhundert
Malerei der Gegenwart

Was ist los in der Malerei hundert Jahre nach der Erfindung der Formensprache des 20. Jahrhunderts mit Picassos „Demoiselles d'Avignon" (1907)? Wie reagieren Künstler auf den Umstand, dass dieses jahrhundertelang in der westlichen Kunst hegemoniale Ausdrucksmittel zu einem minderheitlichen Medium abgestiegen ist, seit mechanische und digitale Reproduktionstechniken den Alltag und die aktuelle Kunst beherrschen? Wer sind die künstlerischen „Väter" (und „Mütter") des 21. Jahrhunderts, gegenüber Cezanne, Gauguin, Seurat und Van Gogh ab 1905? Wie beeinflusst die Globalisierung der künstlerischen Produktion und Debatte seit den neunziger Jahren die gegenwärtige Malerei? Welche Schlüsse ziehen Malerinnen und Maler aus der Raum- und Zeiterfahrung dieser neuen Welt hinsichtlich der Darstellung von Raum und Zeit in ihren Bildern? Malerei ist auch gegenwärtig ein Bereich, in dem philosophische und ontologische Probleme im Sinne von Deleuze mit mediumspezifischen Instrumenten beantwortet werden.

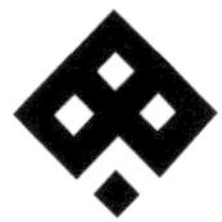